工程项目

管理技术理论与发展探究

◎朱芳振 / 著

GONGCHENG XIANGMU GUANLI JISHU LILUN
YU FAZHAN TANJIU

四川大学出版社

责任编辑：唐　飞
责任校对：蒋　玙
封面设计：陈　勇
责任印制：王　炜

图书在版编目(CIP)数据

工程项目管理技术理论与发展探究 / 朱芳振著.
—成都：四川大学出版社，2018.6
ISBN 978-7-5690-2054-0

Ⅰ.①工…　Ⅱ.①朱…　Ⅲ.①工程项目管理
Ⅳ.①F284

中国版本图书馆 CIP 数据核字（2018）第 152574 号

书名　**工程项目管理技术理论与发展探究**

著　　者　朱芳振
出　　版　四川大学出版社
地　　址　成都市一环路南一段 24 号 (610065)
发　　行　四川大学出版社
书　　号　ISBN 978-7-5690-2054-0
印　　刷　成都金龙印务有限责任公司
成品尺寸　170 mm×240 mm
印　　张　10.5
字　　数　196 千字
版　　次　2018 年 7 月第 1 版
印　　次　2018 年 7 月第 1 次印刷
定　　价　45.00 元

◆读者邮购本书，请与本社发行科联系。
电话：(028)85408408/(028)85401670/
(028)85408023　邮政编码：610065
◆本社图书如有印装质量问题，请
寄回出版社调换。
◆网址：http://www.scupress.net

前　言

工程项目是建筑施工企业生产经营的主战场，以工程项目管理为中心，提高项目运作质量，是施工企业生存和发展永恒的主题。工程项目管理就是项目管理者运用系统的理论和方法，对工程项目及其资源进行计划、组织、协调和控制，实现项目的特定目标。要想进一步提高建筑工程质量、安全以及进度，对工程实施有效的项目管理是必不可少的。

随着我国经济的不断发展，我国对固定资产的投资不断增加，工程项目建设也不断增多，随之而来的就是项目管理问题越来越突出。基于此，如何提高工程项目管理的技术水平、使其与国际惯例接轨，实现工程项目管理的科学化、现代化和创新，成为研究的热点问题。

本书逻辑清晰，内容翔实，共分为 7 章。第 1 章是对工程项目管理的总体论述，内容涉及项目与工程项目、工程项目管理、工程项目建设程序与管理制度；第 2 章到第 6 章分章节对具体的工程项目施工技术系统进行了分析，主要包括流水施工技术、网络计划与进度管理技术、工程项目采购与合同管理技术、工程项目费用管理技术、工程项目质量与安全管理技术几方面内容；第 7 章着重研究了工程项目管理技术的发展，内容涵盖计算机辅助工程项目管理、工程项目信息管理及基于网络平台的工程项目管理。

本书在撰写过程中，参考引用了大量工程项目管理方面的学术著作和研究成果，从中汲取了诸多有益经验，在此向相关学者表示诚挚的谢意。由于作者本身水平有限，加之本书写作周期较短，书中难免存在疏漏之处，恳请广大读者能够予以批评指正，以待进一步完善。

作者

2018 年 1 月

目　　录

第1章　工程项目管理概论

工程项目管理就是为了面向工程，实现生产要素在工程项目上的优化配置，为用户提供优质产品或服务。近年来，随着建设体制改革的深入发展以及国家方针、政策、法规的不断完善，建设领域对工程项目管理的要求越来越高，工程项目当事人能否对工程项目建设全过程实现现代化的管理已显得越来越重要。本章对工程项目管理进行概括性论述，内容涉及项目与工程项目、工程项目管理、工程项目建设程序与管理制度。

1.1　项目与工程项目

1.1.1　项目

1.1.1.1　项目的概念

项目（project）一词被广泛应用于经济社会的各个方面。许多管理学家或组织都试图用简明扼要的语言对其进行概括和描述，美国项目管理专家R. J. 格雷厄姆、美国项目管理协会（Project Management Institute，PMI）、德国国家标准DIN69901等均对项目管理下过定义，但由于视角不同和各类项目存在的差异，使得这些定义不可能完全一致。目前，对项目用得比较普遍的描述为：项目是一个专门组织为实现某一特定目标，在一定约束条件下所开展的一次性活动或所要完成的一个任务，以形成独特的产品或服务。

基于上述项目定义的描述，项目的内涵通常包括以下几个方面：

(1)项目应具有明确的预定目标。

(2)项目的实施应由专门的负责。

(3)项目的实施及预定目标的实现,将会受到诸多制约条件限制。

(4)项目是一次性活动或者一个任务,项目的预期成果一般是独特的产品或服务。

在现代经济活动中,存在着不同类型的项目,常见的有以下几类:

(1)各种建设工程项目,如工业与民用建筑工程、城市基础设施工程、道路桥梁工程、铁路工程、水利工程、机场工程和港口工程等。

(2)各类开发项目,如资源开发项目、地区经济开发项目、新产品开发项目等。

(3)各种科学研究项目,如基础科学研究项目、应用研究项目、科技攻关项目等。

(4)各种投资项目,如银行的贷款项目、政府及企业的各种投资和合资项目等。

(5)各种国防项目,如新型武器的研制、"两弹一星"工程、航空母舰的制造、航天飞机计划、国防工程等。

(6)各种政治或社会项目,如希望工程、人口普查、社会调查、举办各种体育运动会、组织一次国际性学术会议、展览会、洽谈会、交流会、演唱会等。

无论何种类型的项目,项目均是由一组有起止时间的、相互协调的受控活动所组成的特定过程,该过程要达到符合规定要求的目标,包括时间、成本和资源的约束条件等。

1.1.1.2 项目的特征

虽然项目大小不一,题材类型各异,但所有的项目都具有一些共同的特征。

1)项目的一次性和特定性

项目的一次性是项目最主要的特征。每个项目都有其特定的内容、目标、过程与起始期限,具有自己特定的生命周期。项目的一次性,决定了项目只能单件生产,不具有批量生产的特性。

2)项目具有明确的目标

其目标可分为成果性目标与约束性目标。成果性目标是指项目所希望达到的预期产品或服务;约束性目标是指项目的约束条件,包括时间、成本、资源等。项目只有满足约束条件才能成功,因而约束条件是项目成果目标实现的前提。

3)项目具有特定的生命周期

项目工程的一次性决定了每个项目都具有自己特定的生命周期,任何项目都有其产生、发展与结束时间,在不同的阶段都有其特定的程序和工作内容。概括地讲,项目的生命周期包括决策阶段、规划设计阶段、实施阶段和结束阶段。掌握和了解项目的生命周期,就可以有效地对项目实施科学的管理和控制。成功的项目管理是对项目全过程的管理和控制,是对整个项目生命周期的管理。

4)项目的整体性

项目是由完成一系列任务(或工作)的活动所构成的,包括活动形成过程,所以项目管理又是过程管理。这些活动不是孤立的,而是相互联系、相互影响、相互制约的,具有整体性,共同组成项目的行为系统。

5)项目的特殊性

项目的一次性决定了项目的不可逆性,由于项目是按一定的程序进行的,其过程不可逆,必须一次成功。对于项目组织,项目的一次性又决定了其临时性与开放性。在项目的开展中,项目的人员、职责都是不断变化的,项目组织是多变的,不稳定的。而参与项目的单位往往又不止一个,它们根据各自不同的工作划分与分工,在项目的不同阶段以不同的程度介入项目活动。因此,项目组织不存在严格的边界,是临时的、开放的。

1.1.2　工程项目

1.1.2.1　工程项目的概念

工程项目又称为土木工程项目或建设工程项目,是最为常见和最为典型的项目类型,以建筑物或构筑物为目标产出物,有开工时间和竣工时间,由一系列相互关联的活动所组成的特定过程。该过程要达到的最终目标应符合预定的功能及使用要求,并满足建设单位(又称业主、发包人等)以及国家现行相关规范(或标准)所要求的工程质量、工期、造价和资源等约束条件。

1.1.2.2　工程项目的特征

工程项目除具有一次性、明确的目标和约束条件等一般项目的共同特征外,还具有以下特点。

1)可交付成果的固定性

每一个工程项目的最终产品均有特定的功能和用途,并且建设地点固定,项目建成后不可移动。这种可交付成果的固定性,决定了建筑生产的特点和工程项目管理的特点,如建设过程的不可逆性、设计的单一性、生产的单件性等。此外,由于建筑产品固定,工程项目的实施阶段主要是在露天进行的,因此,受自然条件的影响大,活动条件艰难,变更很多,组织管理工作任务繁重且非常复杂,目标控制和协调活动难度大。

2)建设周期的长期性

工程项目一般建设周期长,从项目构思和策划到项目结束,少则数月,多则数年,甚至十几年。同时工程项目的投资回收期长,使用寿命也很长,建设过程的质量对使用阶段的影响巨大。

3)工程项目投资的风险性

由于工程项目建设周期长,投资巨大,建设过程中各种不确定因素多,因此,工程项目的投资风险很大。特别是一些大型、特大型工程项目,工程量大,技术复杂,需要加强对项目的风险管理。

4)工程项目管理的复杂性

工程项目组织复杂,一个项目中往往有数家、数十家甚至上百家不同单位的参与。通过合同进行分工与协作,项目组织之间沟通和协调的难度很大。新技术、新材料和新工艺的不断涌现,使得现代建筑的技术要求越来越高,技术难度越来越大,增加了项目的技术复杂性。加之工程项目的资源投入大、约束条件多、建设周期长、投资风险大等,使得工程项目管理工作非常复杂。

1.2 工程项目管理

1.2.1 工程项目管理的分类及特征

工程项目管理是项目管理的一大类,其管理对象是工程项目。工程项目管理的本质是工程建设者运用系统工程的观点、理论和方法,对工程的建设进行全过程和全面的管理,实现生产要素在工程项目上的优化配置,为用户提供优质产品。

1.2.1.1 工程项目管理的分类

根据工程项目的类型,工程项目管理可以分为建设项目管理、工程设计项目管理、工程监理(咨询)项目管理和工程施工项目管理。与其一一对应的项目管理者分别是建设单位、设计单位、监理(咨询)单位与施工单位。

1)建设项目管理

建设项目管理是从建设单位的观点出发对项目建设进行的综合性管理工作。具体而言就是在建设项目的施工周期内，用系统工程的理论、观点和方法，进行有效的规划、决策、组织、协调、控制等系统的、科学的管理活动，从而按项目既定的质量要求、控制工期、投资总额、资源限制和环境条件，圆满地实现建设项目目标。广义的建设项目管理包括投资决策的有关管理工作，狭义的建设项目管理只包括项目在立项以后至交付使用的全过程的管理。

2)工程设计项目管理

工程设计项目管理是由设计单位自身对参建项目在工程设计阶段进行自我管理。设计单位的项目管理主要服务于项目的整体利益和设计方自身的利益，其管理涉及设计前准备、设计、施工、动用前准备和保修阶段。其主要目标是设计的成本、进度、质量三大目标与整个项目的投资目标。以下是其主要的七大任务：①与设计有关的安全管理；②设计成本控制、与设计有关的工程造价控制；③设计进度控制；④设计质量控制；⑤设计合同管理；⑥设计信息管理；⑦与设计有关的组织协调。

3)工程监理(咨询)项目管理

工程监理项目是由监理企业进行建设项目管理的。一般是监理企业受建设单位的委托、签订监理委托合同，为建设单位进行建设项目管理。监理企业也是中介组织，是依法成立的专业化、高智能型的组织。它按照有关法规对项目进行投资、进度、质量、合同、信息与组织协调等多方面的管理。

工程咨询项目是由咨询单位进行中介服务的工程项目。作为中介组织，工程项目咨询单位具有专业的知识与能力，可以接受建设单位的委托进行项目管理，也就是进行智力服务。在市场经济体制中，由咨询单位进行工程项目管理已经形成了一种国际惯例。

4)工程施工项目管理

工程施工项目管理就是指施工单位在完成所承揽的工程建设施工项目的过程中，运用系统的观点和理论以及现代科学技术手段对施工项目进行计划、组织、安排、指挥、管理、监督、控制、协调等全过程的管理。它主要发生在施工阶段(含施工准备阶段)和竣工验收阶段，包括施工准备、施工、竣工验收和保修等施工全过程。

1.2.1.2 工程项目管理的特征

1)工程项目管理强调目标管理方法

工程项目是具有明确目标的一次性任务，项目目标虽然可能多种多样，但最基本、最重要的目标是质量目标、费用目标和进度目标，它们被称为工程项目的三大目标。评价工程项目管理成效主要是看三大目标是否实现以及实现的程度如何。因此，控制项目目标是工程项目管理的中心任务，在项目管理工作中具有非常重要的地位。

工程项目管理最主要的方法是目标管理。目标管理是以目标为导向，以人为中心，以成果为标准，而使组织和个人取得最佳业绩的现代管理方法。目标管理方法(MBO)的核心内容是以目标指导行动。目标管理的基本过程是：确定总目标，自上而下地分解目标，落实目标责任，制订计划和措施，实施责任制，完成个人承担的任务，从而自下而上地实现项目的总目标。目标管理的基本过程如图1-1所示。

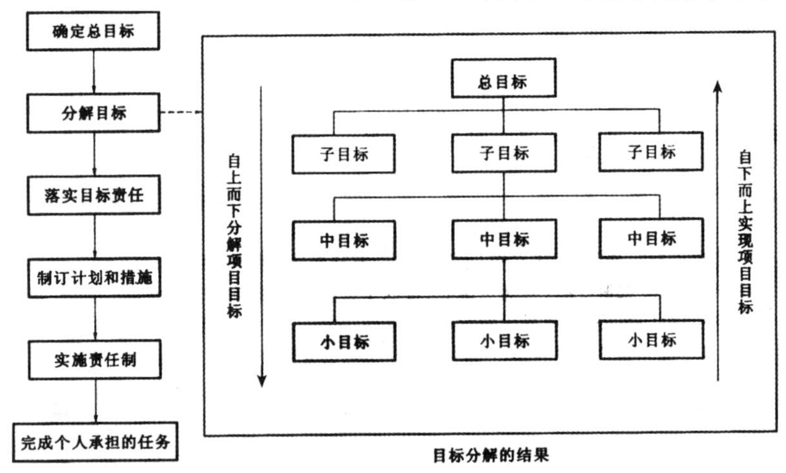

图 1-1 目标管理的基本过程

2)工程项目管理必须按照工程建设规律进行规范化的管理

工程建设规律首先体现在建设程序上。任何项目都要经过可行性研究、勘察设计、招投标、施工等阶段，工程项目管理既受建设程序的制约，又贯穿于整个建设程序之中。项目各阶段既有明显的界限，又相互有机衔接，不可间断。这决定了工程项目管理是对项目生命期的管理，在每个阶段又包含进度、质量、费用、安全的管理，因此，工程项目管理应是系统的、全过程的综合管理。

工程建设规律还体现于工程项目的工艺规律和各种技术规范、标准。工程项目种类繁多，技术复杂，项目管理要依托于工程技术规律，遵守各种标准、定额和规范。从这个意义上说，工程项目管理具有很强的技术特征，很难想象一个不懂工程技术、不懂施工工艺和施工方法的人，能够做好工程项目管理。

3)工程建设组织模式决定了工程项目管理模式

工程建设组织形式越来越多样化，除传统模式外，目前又出现了诸如施工管理承包(CM)、工程总承包(EPC)、项目管理承包(PMC)、建筑—运营—移交(BOT)等多种建设组织模式，不同的组织模式决定了项目管理模式的不同。因此，项目管理必须结合工程项目的建设组织方式。

4)工程项目管理有一套适用的方法体系

项目管理除了目标管理方法外，其他专业管理方法也很多，各种方法有很强的专业适用性。质量管理的主要方法是全面质量管理；进度管理的主要方法是网络计划方法；费用管理的主要方法是预算法和净值法；范围管理的主要方法是计划方法和工作分解结构(WBS)方法；人力资源管理的主要方法是组织结构图和责任分配矩阵；风险管理的主要方法是态势分析法(SWOT 分析法)和风险评估矩阵；采购管理的主要方法是计划方法和库存计算法；合同管理的主要方法是合同选型与谈判；沟通管理的主要方法是信息技术；综合管理的主要方法是计划方法和协调方法。在工程项目管理中，所有方法的应用都体现了鲜明的专业特点。

1.2.2　工程项目管理的内容及模式

1.2.2.1　工程项目管理的内容

1)工程项目范围管理

工程项目范围是指工程项目各过程的活动总和，或指组织为了成功完成工程项目并实现工程项目各项目标所必须完成的各项活动。工程项目的范围既包括其产品的范围，又包括项目工作范围。工程项目产品范围决定了工程项目的工作范围，包括各项设计活动、施工活动和管理活动的范围。工程产品范围要求的深度和广度，决定了工程项目范围的深度和广度。

工程项目范围管理就是对从项目建议书开始到竣工验收交付使用为止的全过程中所涉及的活动范围进行界定和管理的过程。它主要包括 5 个过程：①启动一个新的项目，或启动项目的一个新的阶段；②编制范围计划(或规划)，即指工程项目可行性研究报告推荐的方案、各种项目合同、设计、各种任务书、有关范围说明书等;③界定项目范围,即工程项目范围定义,该过程把范围计划中确定的可交付成果分解成便于管理的组成单元;④由投资人或建设单位等客户或利益相关者确定工程项目范围,也称为范围核实,即对工程项目范围给予正式认可或同意;⑤控制项目范围的变更,即在工程项目实施的过程中,控制工程变更,包括建设单位提出的变更、设计变更和计划变更等。

以上过程是相互联系和相互影响的,甚至发生一定程度的搭接。在工程项目启动后,以上工作会从大到小不断反复进行,形成大环套小环,小环、大环一起转的工程项目实施过程。在这个过程中,范围的控制是重要的,通过控制及时纠偏或及时确定(或调整)各项活动范围,直至工程项目交付使用。

2)工程项目组织管理

"组织"有两种含义,即组织机构和组织行为。组织机构是按一定的领导体制、部门设置、层次划分、职责分工、规章制度和信息系统等构成的有机整体,是社会人的结合形式,可以完成一定的任务,并为此而处理人与人、人与事、人与物的关系。组织行为也即组织活动,是指通过一定的权力和影响力,为达到一定目标所进行的活动过程。组织职能是通过两种含义的有机结合而实现的。

工程项目组织管理是指为实现工程项目组织职能而进行的组织系统的设计、建立、运行和调整。工程项目管理组织机构的建立程序是:首先采用适当的方式选聘称职的项目经理;其次是根据工程项目组织原则和工程任务(目标),选用适当的组织形式,在企业的支持下组建工程项目管理机构,明确责任、权限和利益;再次,在遵守企业制度的前提下,制订工程项目管理制度。不同的工程项目管理,其组织机构是不相同的,且具有一次性,任务完成后即行解体。

3)工程项目管理规划与决策

规划是制定目标及安排如何完成这些目标的过程。通常规划应形成书面文件。进行规划的目的是指出努力的方向和标准,降低环境变化对任务的完成造成冲击,最大限度地减少浪费。规划可以导致较高的绩效。工程项目管理者必须很好利用规划的手段,编制科学、严密、有效的工程项目管理规划,通过实施该规划达到提高工程项目管理绩效的目的。在进行工程项目管理规划时,大致应按下列内容和程序进行工作:

(1)进行工程项目分解,形成由大到小的项目分解体系,以便由细部到整体地确定管理目标及阶段控制目标。

(2)建立工程项目组织体系,绘制工程项目组织体系图和信息流程图。

(3)编制工程项目管理规划文件,确定管理内容、方式、手段、目标和标准,明确管理点。

工程项目管理规划既是对合同目标的贯彻，又是进行管理决策的依据。决策的工程项目管理目标是工程项目管理控制的依据。工程项目目标控制的目的，就是确保决策的工程项目管理规划目标的实现。

4)工程项目目标控制

目标控制是工程项目管理的核心内容。所谓目标控制，是指在实现计划目标的过程中，行为主体通过检查，收集实施状态的信息，将它与原计划(标准)比较，发现偏差，采取措施纠正这些偏差，从而保证计划的正常实施，达到预定目标。从这个定义可以看出，工程项目目标控制问题的要素包括工程项目、控制目标、控制主体、实施计划与信息、偏差数据、纠偏措施、纠偏行为。工程项目控制的直接目的是实现规划目标或计划目标，其最终目的是实现合同目标。因此可以说，工程项目目标控制是排除干扰、实现目标的手段，是工程项目管理的核心，如果没有控制，便谈不上工程项目管理。

工程项目控制目标的内容：①施工项目管理控制目标包括进度、质量、成本、安全和环境目标；②建设项目管理与工程建设监理控制目标包括功能、投资、质量和进度目标。

5)工程项目沟通管理与组织协调

(1)工程项目沟通管理。沟通就是信息的交流。沟通是管理活动和管理行为中最重要的组成部分，也是企业和其他一切管理者最为重要的职责之一。

项目沟通管理就是确保通过正式的结构和步骤，及时和适当地对项目信息进行收集、分发、储存和处理，并对非正式的沟通网络进行必要的控制，以利于项目目标的实现。

项目利益相关者之间良好有效的沟通是组织效率的切实保证，而管理者与被管理者之间的有效沟通是各种管理艺术的精髓。

沟通可以是口头的或书面的，也可以是面对面的，还可以使用媒介，如电话、传真、E—mail等。在传统的项目管理中，项目进展报告、备忘录是基本的交流方式。而在电子通信技术如此发达的今天，沟通方式更是多种多样。

沟通过程就是发送者将信息通过选定的渠道传递给接收者的过程。项目沟通管理包括以下过程：①沟通计划编制——确定项目利益相关者的信息需求和沟通需求；②信息发布——项目利益相关者可以及时得到所需要的信息；③绩效报告——收集并发布绩效信息，包括状态报告，进度测量和预测；④管理收尾——产生、收集和发布阶段或项目完成的信息。

(2)工程项目组织协调。组织协调是沟通的一种手段,是指正确处理各种关系。组织协调为目标控制服务。组织协调的内容包括人际关系、组织关系、配合关系、供求关系及约束关系的协调。工程项目管理的协调范围是根据与工程项目管理组织的关系的松散与紧密状况决定的,大致有三层:第一层是内部关系,是紧密的自身机体关系,应通过行政的、经济的、制度的、信息的、组织的和法律的等多种方式进行协调;第二层是近外层关系,是指直接的和间接的合同关系,如施工项目经理部与建设单位、监理单位及设计单位等单位的关系等,因此,合同就成为近外层关系协调的主要工具;第三层关系是远外层关系,这是比较松散的关系,如项目经理部与政府部门、与现场环境相关单位的关系就是这一类。这些关系的处理没有定式,协调困难,应按有关法规、公共关系准则、经济联系规章等处理。例如,与政府部门的关系是请示、报告、汇报、接受领导与监督的关系;与现场环境单位的关系则是力求和谐,讲信誉,遵守有关规定,争取给予支持等。

6)工程项目资源管理

工程项目资源是工程项目得以实现的保证,主要包括人力资源、材料、设备、资金和技术(即 5M)。工程项目资源管理的内容包括以下 3 项:

(1)分析各项资源的特点。

(2)按照一定原则、方法对工程项目资源进行优化配置,并对配置状况进行评价。

(3)对工程项目的各项资源进行动态管理,使资源与项目的需求始终保持平衡和相互适应。

7)工程项目合同管理

由于工程项目管理是在市场条件下进行的特殊交易活动的管理,且交易活动持续于工程项目管理的全过程,因此必须依法签订合同,进行履约经营。由于合同管理是一项执法、守法活动,市场有国内市场和国际市场,因此合同管理势必涉及国内及国际上有关法规和合同文本、合同条件,在合同管理中应予以高度重视。为了取得经济效益,还必须搞好索赔,讲究索赔的方法和技巧,提供充分的索赔证据。

8)工程项目信息管理

现代化管理要依靠信息。工程项目管理是一项复杂的现代化管理活动,更要依靠大量信息及大量的信息管理活动。而信息管理又要依靠计算机辅助进行。

人类正在步入信息时代,我们必须注意和研究信息时代的经营管理的变化及其对工程项目管理的影响。信息时代的管理要有两项基础建设,一个是设备的信息化建设,一个是人和组织的知识化建设,一个硬件,一个软件,两者缺一不可。信息时代的管理要建立在两个基本变化之上，一个是企业战略和策略的变化，一个是企业价值观和文化的变化，一个外变，一个内变，两者缺一不可。所谓战略和策略的变化也有以下方面：一个是从单纯的技术驱动转变为市场、技术双重驱动；另一个是从追求利润最大化转变为利润最大化及企业价值最大化同市场份额之间找平衡点；还有一个是从单纯追求规模效益转变为在追求效益中处理好多快好省的关系，寻找新的效益突破口。信息时代的管理需要用重新构建公司的观念对衡量当代企业的基本范畴进行重新审视。这些范畴包括质量、服务、技术、效率和社会责任等。

总之，市场、人、效率、效益和社会责任，这些就是信息时代企业管理的核心，工程项目管理也应当围绕这个核心进行变革。

9)工程项目风险管理

项目风险是发生之后对于项目欲创造的成果产生不利后果的不确定性事件或者条件。风险管理是系统地识别和分析项目风险，并采取应对措施的过程。项目风险管理主要有风险管理规划、风险识别、定性风险分析、定量风险分析、风险应对规划和风险监视与控制六个过程。这六个过程彼此之间相互影响，而且还与项目其他方面的管理过程，如范围管理、进度管理、费用管理、质量管理、采购与合同管理、人力资源管理、沟通与信息管理有关。风险管理的各个过程在实践中交叉重叠，互相影响。项目要想获得成功，公司和项目经理部必须在整个项目进程中投入力量进行风险管理。风险管理的宗旨是采取主动行动，创造条件，尽量扩大风险事件的有利结果，妥善地处理风险事故造成的不利后果，以最小的代价实现项目的目标。

10)工程项目收尾管理

从管理的循环原理来说，管理的收尾阶段是对工程收尾期工作的管理，是对计划、执行、检查阶段的经验和问题的回顾和提炼，是进行新的管理所需信息的来源，其经验可作为新的管理制度和标准的源泉，其问题有待于下一循环的管理予以解决。由于工程项目的一次性，其管理更应注意总结，依靠总结不断提高管理水平并发展工程项目管理学科。收尾管理的内容如下：

(1)工程项目的竣工检查、验收及资料整理(即工程收尾)。

(2)工程项目的竣工结算或决算(即经济收尾)。

(3)工程项目管理活动总结(即工作收尾)。

(4)工程项目管理质量及效益的分析(即管理收尾)。

1.2.2.2 工程项目管理的通用模式

1)建设单位自行组织建设

这种模式的特点是在工程项目的全生命周期内一切管理工作都由建设单位临时组建的管理班子自行完成。这是一种小生产方式,只有一次教训,没有二次经验。

2)工程指挥部

这种模式是将军事指挥方式引入生产管理中。它代表行政领导,用行政手段管理生产,故难以全面符合生产规律和经济规律的要求。

3)设计—招标—建造模式

这是国际上最为通用的模式,世界银行、国际咨询工程师联合会(FIDIC)施工合同条件,以及我国的工程项目法人责任制等都采用这种模式。这种模式的特点是建设单位进行工程项目的全过程管理,将设计和施工过程通过招标发包给设计单位和施工单位完成,通过竣工验收交付给建设单位工程项目产品。这种模式具有长期积累的丰富管理经验,有利于合同管理、风险管理和节约投资。

4)建筑工程管理(CM)模式

CM(Construction Management)模式是一种新型管理模式,不同于设计完成后进行施工发包的模式,而是进行边设计边发包的阶段性发包方式,故可加快建设速度。它有两种类型:第一种是代理型,在这种模式下,业主、业主委托的CM经理、建筑师组成联合小组,共同负责组织和管理工程的规划、设计和施工,CM经理对规划设计起协调作用,完成部分设计后即进行施工发包,由业主与承包人签订合同,CM经理在实施中负责监督和管理,CM经理与业主是合同关系,与承包人是监督、管理与协调关系;第二种是非代理型,CM单位以承包人的身份参与工程项目实施,并根据自己承包的范围进行分包的发包,直接与分包人签订合同。

5)管理承包(MC)模式

MC(Management Contracting)模式是业主直接找一家公司进行管理承包,并签订合同。设计承包人负责设计,施工承包人负责施工、采购与对分包人进行管理。设计承包人和施工承包人与管理承包人签订合同,而不与业主签订合同。这种模式加强了业主的管理,并使施工与设计做到良好结合,可缩短建设周期。

6)建造—移交(BT)模式

BT(Build－Transfer)模式是建造—移交的模式。它是最近几年由BOT模式演变出来的项目管理模式,由于一些政府公益性工程项目,企业无法独立实现经济运营，取得投资收益，所以将“BOT”中的“O”去掉，即排除企业运营过程，由 BOT 模式变为 BT 模式。

BT 模式是指业主授权 BT 承包商对项目通过融资建设，建成后整体移交给业主，业主用建设期间以及工程完成后所筹集的资金偿付给企业的融资本金和利息的一种新型项目管理模式。BT 模式对工程总承包企业来说具有投融资的性质，工程总承包企业与银行(或融资机构)作为项目的合作伙伴，在项目中是利益共享、风险共担。

BT 模式在北京、上海、广东等全国很多省市都有多个项目采用，如北京奥运地铁支线项目、刚建成投入使用的昆明 7204 市政道路等项目建设。

它主要用于建成后无法直接向公众提供产品服务，并收取费用的公共市政基础设施建设项目，主要涉及非经营性的公路、桥梁，以及无法经营的学校、公园等基础性设施建设项目。

7)建造—运营—移交(BOT)模式

BOT 即 Build Operate Transfer 的英文缩写，一般称为建造(融资、设计、建造)、经营、移交模式。

在国外，BOT 模式实质上是基础设施投资、建设和经营的一种方式，它以政府和私人机构(投资人)之间达成协议为前提，由政府向私人机构颁布特许，允许其在一定时期内筹集资金建设某一基础设施并管理和经营该设施及其相应的产品与服务。政府对该机构提供的公共产品或服务的数量和价格可以有所限制，但保证私人资本具有获取利润的机会。整个过程中的风险由政府和私人机构分担。当特许期限结束时，私人机构按约定将该设施移交给政府部门，转由政府指定部门经营和管理。

“建设—经营—移交”是基础设施建设领域中的一种特殊投资方式，是以政府特许权换取非公共机构融资建设经营公共基础设施的一种投资方式。具体地说，由政府向民营企业颁布特许，允许其在一定时期内筹集资金建设某一基础设施并管理和经营该设施及其相应的产品与服务。在中国基础设施领域，BOT 模式曾经在一些项目实施中获得成功，但随着基础设施融资规模和项目复杂性日益增长，这种模式存在着出资人承担风险过大、项目融资前期工作周期过长及投资各方利益冲突大等缺点。

BOT 模式具有市场机制和政府干预相结合的混合经济的特色。我国第一个 BOT 基础设施项目是 1984 年由香港合和实业公司和中国发展投资公司等作为承包商在深圳建设的沙头角 B 电厂。之后，我国广东、福建、四川、上海、湖北、广西等地也出现了一批 BOT 项目，如广深珠高速公路、重庆地铁、上海延安东路隧道复线、武汉地铁、北海油田开发等。

8)建造—经营—移交(PPP)模式

PPP 即 Public Private Partnership 的英文缩写，一般称为建造(融资、设计、建造)、经营、移交模式。

广义的 PPP 泛指公共部门与私人部门为提供公共产品或服务而建立的各种合作关系。美国把 PPP 认定为公共部门和私营部门伙伴之间的一种合同协议，协议包含一个政府机构和一个私营公司达成修复、建造、经营、维护和管理一个设施或系统。

欧盟把 PPP 定义为公共部门和私营部门之间的一种合作关系，双方根据各自的优劣势共同承担风险和责任，以提供传统上由公共部门负责的公共项目和服务。

加拿大将 PPP 定义为公共部门和私营部门基于各自的经验建立的一种合伙经营关系，通过适当的资源分配、风险分担和利益分享，以满足公共需求。

我国专家认为，PPP 本质上是公共部门和私营部门关于基础设施和公用事业而达成的长期合作关系，公共部门由在传统方式下公共设施和服务的提供者，变为规则者、合作者、购买者和监管者。

2015 年由国家发改委、财政部、交通运输部、住建部、水利部和央行六部委联合制定并经国务院同意发布《基础设施和公用事业特许经营管理办法》(2015 年第 25 号)出台，并于 6 月 1 日正式施行。

PPP 模式突破了引入私人企业参与公共基础设施项目组织机构的多种限制，为转换政府职能、实现投资主体多元化；发挥政府公共机构和民营机构各自的优势；由于政府分担一部分风险，使风险分配更合理，减少了承建商与投资商风险，从而降低了融资难度，提高了项目融资成功的可能性；政府在分担风险的同时也拥有一定的控制权，可以以最有效的成本为公众提供高质量的服务。该模式适用于各类市政公用事业及道路、铁路、机场、医院、学校等项目建设。

1.3　工程项目建设程序与管理制度

1.3.1　工程项目建设程序

工程项目按照程序运行是社会经济运行规律的要求，是工程项目的技术经济规律的要求，也是工程项目的复杂性（环境复杂、涉及面广、相关环节多、多行业多部门配合）决定的。我国的建设程序分为六大阶段，即项目建议书阶段、可行性研究阶段、设计工作阶段、建设准备阶段、工程施工阶段和竣工验收交付使用阶段。这六个阶段的关系如图 1-2 所示。其中，项目建议书阶段和可行性研究阶段称为"前期工作阶段"或"决策阶段"，其他阶段合称为"实施阶段"。

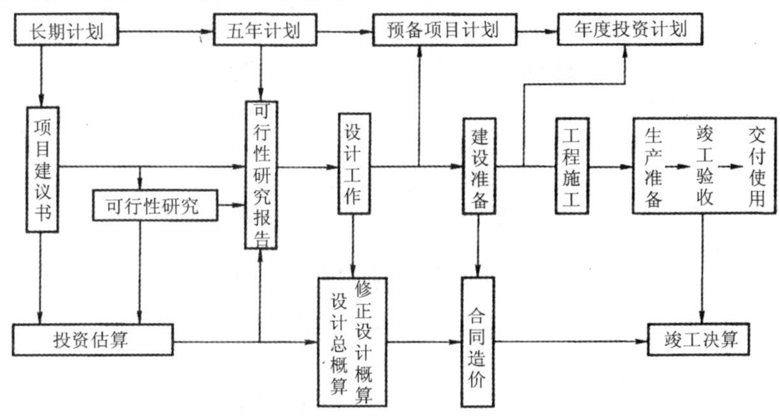

图 1-2　建设程序

1.3.1.1　项目建议书阶段

项目建议书是项目法人向国家提出要求建设某一建设项目的建议文件，是对建设项目的轮廓设想，是从拟建项目的必要性及可能性加以考虑的。在客观上，建设项目要符合国民经济长远规划，符合部门、行业和地区规划的要求。它实际上是一个机会研究文件。

1.3.1.2 可行性研究阶段

项目建议书经批准后，应紧接着进行可行性研究。可行性研究是对建设项目在技术上和经济上（包括微观效益和宏观效益）是否可行进行科学分析和论证工作，是技术经济的深入论证阶段，为项目决策提供依据。可行性研究的主要任务是通过多方案比较，提出评价意见，推荐最佳方案。可行性研究的内容可概括为市场（供需）研究、技术研究和经济研究三项。具体说来，工业项目的可行性研究的内容是：项目提出的背景、必要性、经济意义、工作依据与范围，需要预测和拟建规模，资源和公用设施情况，建厂条件和厂址方案，环境保护，企业组织定员及培训，实际进度建议，投资估算数和资金筹措，社会效益及经济效益。在可行性研究的基础上，编制可行性研究报告。

可行性研究报告经批准后，是初步设计的依据，不得随意修改和变更。如果在建设规模、产品方案、建设地区、主要协作关系等方面有变动以及突破投资控制数时，应经原批准机关同意。可行性研究报告经批准，项目才算正式“立项”。

按照现行规定，大中型和限额以上项目可行性研究报告经批准之后，项目可根据实际需要组成筹建机构，即组织项目法人。但一般改、扩建项目不单独设筹建机构，仍由原企业负责筹建。

1.3.1.3 设计工作阶段

一般项目进行两阶段设计，即初步设计和施工图设计。技术上比较复杂而又缺乏设计经验的项目，在初步设计阶段后加技术设计。

1)初步设计

初步设计是根据可行性研究报告的要求所做的实施方案，目的是阐明在指定的地点、时间和投资控制数额内，拟建项目在技术上的可能性和经济上的合理性，并通过对工程项目所做出的基本技术经济规定，编制项目总概算。

初步设计不得随意改变被批准的可行性研究报告所确定的建设规模、产品方案、工程标准、建设地址和总投资等控制指标。如果初步设计提出的总概算超过可行性研究报告总投资的10%以上或其他主要指标需要变更时，应说明原因和计算依据，并报可行性研究报告原审批单位重新审批。

2)技术设计

技术设计是根据初步设计和更详细的调查研究资料编制的，进一步解决初步设计中的重大技术问题，如工艺流程、建筑结构、设备选型及数量确定等，以使建设项目的设计更具体,更完善,技术经济指标更好。

3)施工图设计

施工图设计根据批准的扩大初步设计或技术设计绘制建筑安装图纸和非标准设计图纸,完全表现工程的形状、构造、结构、尺寸、细部内容、设备型号、安装要求、材料品种、构件型号等,满足施工和计价要求。

1.3.1.4　建设准备阶段

1)预备项目

初步设计已经批准的项目,可列为预备项目。国家投资的预备项目计划,是对列入部门、地方编报的年度建设预备项目计划中的大中型和限额以上项目,经过从建设总规模、生产力总布局、资源优化配置以及外部协作条件等方面进行综合平衡后安排和下达的。预备项目在进行建设准备过程中的投资活动,不计算建设工期,统计上单独反映。

2)建设准备的内容

建设准备的主要工作内容包括:征地、拆迁和场地平整;完成施工用水、电、路等工程;组织设备、材料订货;准备必要的施工图纸;组织施工招标投标,择优选定施工承包单位。

3)报批开工报告

按规定进行了建设准备和具备了开工条件以后,便应组织开工。建设单位申请批准大中型工程项目开工要经国家发改委统一审核后编制年度大中型建设项目开工计划报国务院批准。部门和地方政府无权自行审批大中型建设项目的开工报告。年度大中型新开工项目经国务院批准,国家发改委下达项目计划。按《建筑法》第七条规定,建设工程开工前,建设单位应当按照国家有关规定向工程所在地县级以上人民政府建设行政主管部门申请领取施工许可证;但是国务院建设行政主管部门确定的小型工程除外:按照国务院规定的权限和程序批准开工报告的建筑工程,不再领取施工许可证。

1.3.1.5　工程施工阶段

建设项目经批准开工建设,项目便进入了工程施工阶段。这是项目决策的实施、建成投产发挥投资效益的关键环节。新开工建设的时间是指建设项目设计文件中规定的任何一项永久性工程第一次破土开槽开始施工的日期。不需要开槽的,正式开始打桩日期就是开工日期。铁道、公路、水库等需要进行大量土石方工程的，以开始进行土石方工程日期作为正式开工日期。分期建设的项目，分别按各期工程开工的日期计算。施工活动应按设计要求、合同条款、预算投资、施工程序和顺序、施工组织设计，在保证质量、工期、成本计划等目标的前提下进行，达到竣工标准要求，经过验收后，移交给建设单位。

在工程施工阶段还要进行生产准备。生产准备是项目投产前由建设单位进行的一项重要工作。它是衔接建设和生产的桥梁，是建设阶段转入生产经营的必要条件。建设单位应适时组成专门班子或机构做好生产准备工作。

生产准备工作的内容根据工程项目的不同而异，一般包括下列内容：

(1)组建管理机构，制定管理制度和有关办法。

(2)招收并培训人员，组织生产人员参加设备的安装、调试和工程验收。

(3)签订原料、材料、协作产品、燃料、水、电等供应及运输的协议。

(4)进行工具、器具、备品、备件等的制造或订货。

(5)其他必需的生产准备。

1.3.1.6 竣工验收交付使用阶段

当建设项目按设计文件的规定内容全部施工完成以后，便可组织验收。它是建设全过程的最后一道程序，是投资成果转入生产或使用的标志，是建设单位、设计单位和施工单位向国家汇报建设项目的能力、质量、成本、收益等全面情况及交付新增固定资产的过程。竣工验收对促进建设项目及时投产、发挥投资效益及总结建设经验都有重要作用。通过竣工验收，可以检查建设项目实际形成的生产能力或效益，也可以避免项目建成后继续消耗建设费用。

1.3.2 我国现行的工程项目管理制度

我国现行的工程项目管理制度有四项：项目法人责任制、工程招标投标制、建设工程监理制和合同管理制。这些制度相互关联、相互支持，共同构成了工程项目管理制度体系。

1.3.2.1 项目法人责任制

工程项目法人责任制是我国从1996年开始实行的一项工程建设管理制度。按照原国家计委《关于实行建设项目法人责任制的暂行规定》的要求，为了建立投资约束机制，规范建设单位的行为，工程项目应当按照政企分开的原则组建项目法人，实行项目法人责任制，即由项目法人对项目的策划、资金筹措、建设实施、生产经营、债务偿还、资产的保值增值，实行全过程负责的制度。项目法人可按《中华人民共和国公司法》的规定设立有限责任公司等。项目法人责任制是实行建设工程监理制的必要条件，建设工程监理制是实行项目法人责任制的基本保障。

1.3.2.2　工程招标投标制

为了在工程建设领域引入竞争机制，择优选定勘察、设计、施工单位以及材料设备供应商，工程项目凡满足规定要求的，必须进行招标。这是工程建设成败的关键，也是建设工程监理工作成败的关键。有关行政管理部门对招标投标活动及其当事人依法实施监督，依法查处招标投标活动的违法行为。《中华人民共和国招标投标法》中规定了一系列的禁止行为。

1.3.2.3　建设工程监理制

按照有关法令的规定，工程项目在一定范围内实行强制监理。工程监理的主要任务是控制工程项目的投资、工期、质量，进行工程项目的安全施工合同、信息等方面的管理，协调参加工程项目有关各单位间的工作关系。

建设单位一般通过招标投标等方式择优选定工程监理单位，双方应当签订书面的委托监理合同。监理企业组建项目监理机构进驻施工现场。项目监理实行总监理工程师负责制。项目监理机构在总监理工程师的领导下，遵循“守法、诚信、公正、科学”的基本准则，按照《建设工程监理规范》中规定的程序开展监理工作。

在委托监理的工程项目中，建设单位与监理单位是委托与被委托的合同关系，监理单位与承包单位是监理与被监理的关系。承包单位应当按照与建设单位签订的有关建设工程合同及法律法规的相关规定接受监理。

1.3.2.4　合同管理制

为使勘察、设计、施工、材料设备供应单位和工程监理单位依法履行各自的责任和义务，在工程建设中必须实行合同管理制度。合同管理制的基本内容是：工程项目的勘察、设计、施工、材料设备采购和工程监理都要依法订立合同。各类合同都要有明确的质量要求、合同价款和完成合同内容的确切日期，以及履约担保和违约处罚条例。违约方要承担相应的法律责任。合同管理制的实施为工程监理开展合同管理工作提供了法律上的支持。

第 2 章　流水施工技术

流水施工方法是组织工程项目施工的一种科学方法，其实质是分工协作和成批生产。组织流水施工的关键是将单件产品变成多件产品，以便成批生产。由于建筑安装产品形体庞大，通过划分施工段可将单件产品变成假想的多件产品。本章是对流水施工原理与组织方法的阐释，主要论述了流水施工的概念、流水施工的主要参数及流水施工的基本方式。

2.1　流水施工的概念

2.1.1　流水施工的概念阐释

2.1.1.1　流水施工的内涵

流水作业是一种先进的生产组织方式，即把整个的加工过程划分成若干个不同的工序，按照一定的顺序组织生产。它是在劳动分工、合作和劳动工具专业化的基础上产生出来的，最早应用在工业生产上，后来应用于所有生产领域，在建筑安装施工的过程中也采用流水作业法，即流水施工。生产实践已经证明，流水作业法的基本特点在于其生产过程具有连续性、均衡性和节奏性，可以充分利用时间和空间，提高生产率，是组织产品生产的最理想、最有效的科学组织方式。

建筑工程的“流水施工”来源于工业生产中的“流水作业”，但又有所不同。流水施工是指所有的施工过程均按某一时间间隔依次投入施工，依次完工，并使同一施工过程在各施工段之间保持连续均衡施工，不同施工过程之间，在满足技术要求的条件下，最大限度地安排平行搭接施工的组织，如图 2-1 所示。

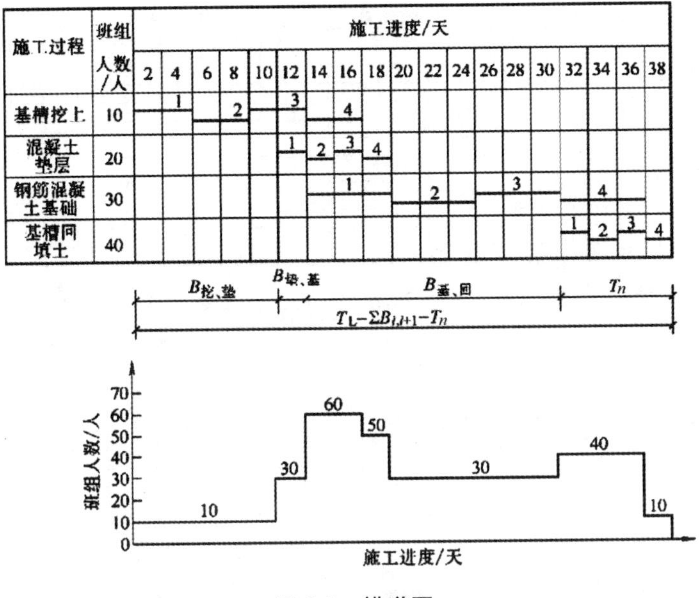

图 2-1　横道图

B—流水步距；1—一个施工过程；$i+1$—工程的紧后工程；

T_n—最后一个施工过程持续时间；T_L—总持续时间

2.1.1.2　组织施工的基本方式

考虑工程项目的施工特点、工艺流程、资源利用、平面或空间布置等要求，组织施工的方式有依次施工、平行施工和流水施工 3 种。为了能更清楚地说明它们各自的特点、概念及流水施工的优越性，下面举一例对它们进行分析和对比。

【例 2-1】某基础工程，除褥垫层每栋施工需要 1 周外，其余每个专业队在每栋建筑物的施工作业时间均为 3 周，各专业队的人数分别为 10 人、20 人、15 人和 25 人。试比较三栋建筑物基础工程的不同组织方式的进度计划。

1)依次施工

依次施工也叫作顺序施工，是按照一定的施工顺序，前一个施工过程完成后，后一个施工过程开始施工；或先按一定的施工顺序完成前一个施工段上的全部施工过程后再进行下一个施工段的施工，直到完成所有的施工段上的作业。按照依次施工的方式组织上述工程施工，其施工进度、工期和劳动力动态变化曲线如图 2-2 所示。由图 2-2 可见，依次施工具有以下优缺点：

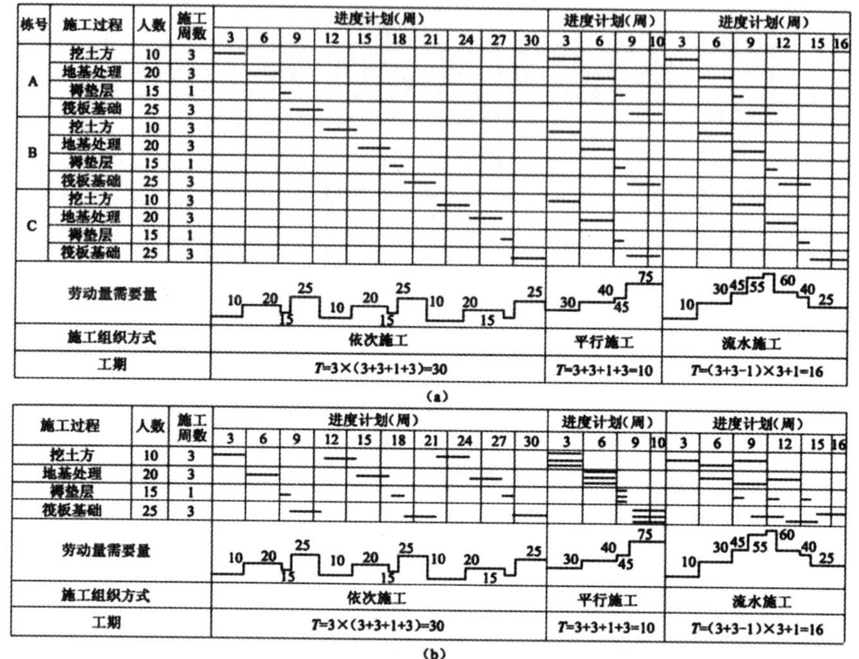

图 2-2　不同组织方式对比分析图

(a)纵向排列施工段;(b)横向排列施工段

(1)优点。

①单位时间内投入的劳动力、材料、机具资源量较少且较均衡,有利于资源供应的组织工作;

②施工现场的组织、管理较简单。

(2)缺点。

①不能充分利用工作面去争取时间,工期长;

②各专业班组不能连续工作,产生窝工现象(宜采用混合队组);

③不利于实现专业化施工,不利于改进工人的操作方法和施工机具,不利于提高劳动生产率和工程质量。

因此,依次施工一般适用于场地小、资源供应不足、工作面有限、工期不紧、规模较小的工程,如住宅小区非功能性的零星工程。依次施工适合组织大包队施工。

2)平行施工

平行施工即组织几个相同的工作队(或班组),在各施工段上同时开工、齐头并进,并且同时完工的一种施工组织方式。由图 2-2 可见,平行施工具有以下优缺点：

(1)优点。充分利用了工作面，工期短。

(2)缺点。

①单位时间内投入施工的资源量成倍增长，资源供应集中，现场临时设施也相应增加；

②不利于实现专业化施工队伍连续作业，不利于提高劳动生产率和工程质量；

③施工现场组织、管理较复杂。

因此，平行施工的组织方式只有在拟建工程任务十分紧迫，工作面允许以及资源保证供应的条件下才适用，如抢险救灾工程。

3)流水施工

流水施工是将拟建工程项目的全部建造过程在工艺上分解为若干个施工过程(也就是划分为若干个工作性质相同的分部、分项工程或工序)，同时在平面上划分成若干个劳动量大致相等的施工段，在竖向上划分成若干个施工层。然后按照施工过程相应地组织若干个专业工作队(或班组)，同一施工队按照一定的流向在各施工段上流动，不同的施工队按工艺顺序依次投入施工，并使相邻两个专业工作队，在开工时间上最大限度地、合理地搭接起来，保证工程项目施工全过程在时间和空间上有节奏、连续、均衡地进行下去，直到完成全部工程任务。由图 2-2 可见，流水施工具有以下特点：

(1)科学地利用了工作面，工期较合理，能连续、均衡地生产；

(2)实现了专业化施工，可使工人的操作技术熟练，更好地保证工作质量，提高劳动生产率；

(3)参与流水的专业工作队能够连续作业，相邻的专业工作队之间实现了最大限度地合理搭接；

(4)单位时间内投入施工的资源量较为均衡，有利于资源供应的组织工作；

(5)为文明施工和现场的科学管理创造了有利条件。

显然，采用流水施工的组织方式，充分利用时间和空间，明显优于依次施工和平行施工。

4)3 种施工方式的比较

由上面的分析可知，顺序施工、平行施工和流水施工是组织施工的 3 种基本方式，其特点及适用的范围不尽相同，三者的比较见表 2-1。

表 2-1 三种组织施工方式比较

方式	工期	资源投入	评价	适用范围
顺序施工	最长	投入强度低	劳动力投入少,资源投入不集中,有利于组织工作。现场管理工作相对简单,可能会产生窝工现象	规模较小,工作面有限的工程适用
平行施工	最短	投入强度最大	资源投入集中,现场组织管理复杂,不能实现专业化生产	工程工期紧迫,有充分的资源保障及工作面允许情况下可采用
流水施工	较短,介于顺序施工与平行施工之间	投入连续均衡	结合了顺序施工与平行施工的优点,作业队伍连续,充分利用工作面,是较理想的组织施工方式	一般项目均可适用

2.1.2 流水施工的组织条件与表达方式

2.1.2.1 流水施工的组织条件

1)划分施工段

根据组织流水施工的要求,将拟建工程在平面上和空间上划分为工程量(或劳动量)大致相等的若干个施工段(区),也称为流水段(区)。

建筑工程组织流水施工的关键是将建筑单件产品变成多件产品,以便成批生产。由于建筑产品体形庞大,通过划分施工段(区)就可将单件产品变成“批量”的多件产品,从而形成流水作业的前提。没有“批量”就不可能组织流水作业。每一个段(区),就是一个假定“产品”。施工段是组织流水施工的必要条件。

2)划分施工过程

根据拟建工程的特点和施工要求,将拟建工程的整个建造过程按照施工工艺要求划分为若干个施工过程。划分施工过程的目的是对施工对象的建造过程进行分解,以便于逐一实现局部对象的施工,从而使施工对象整体得以实现。

3)每个施工过程组织独立的施工班组

在一个流水分部中，每个施工过程尽可能地组织独立的施工班组负责本施工过程的施工，施工班组的形成可根据施工过程所包括工作内容的不同采用专业班组或混合班组，这样可使每个班组按施工顺序，依次地、连续地、均衡地从一个施工段转移到另一个施工段进行相同的操作，以便满足流水施工的要求。

4)主要施工过程必须连续、均衡地施工

主要施工过程是指工程量较大、作业时间较长的施工过程。对于主要施工过程，必须安排在各施工段之间连续、均衡地施工；对于其他次要施工过程，可考虑与相邻的施工过程合并，如不能合并，为缩短施工工期，可安排间断施工。

5)不同施工过程尽可能地组织平行搭接施工

不同施工过程之间的关系，关键是工作时间上有搭接和工作空间上有搭接。在有工作面的条件下，除了必要的技术间歇和组织间歇之外，应尽可能地组织在不同的施工段上平行搭接施工。

2.1.2.2　流水施工的表达方式

工程施工进度计划图表是反映工程施工时各施工过程按其工艺上的先后顺序、相互配合的关系和它们在时间、空间上的开展情况的一种表达方式。目前应用最广泛的施工进度计划图表有线条图和网络图。

当流水施工的工程施工进度计划图表采用线条图表示时，按其绘制方法的不同分为水平图表(又称横道图，见图 2-3a)及垂直图表(又称斜线图，见图 2-3b)。

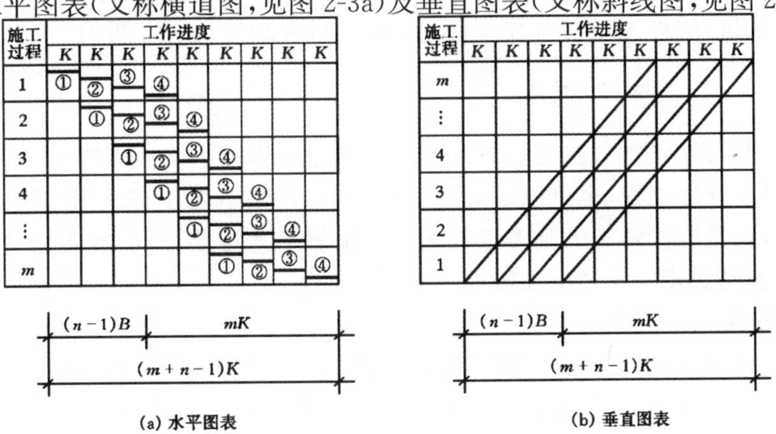

图 2-3　流水施工工程施工进度计划图表

(1)流水施工的横道图表示法:横坐标表示流水施工的持续时间,纵坐标表示施工过程的名称或编号。双条带有编号的水平线段表示双个施工过程或专业工作队的施工进度安排,其编号①②……表示不同的施工段。由于横道图表示法具有绘图简单、施工过程及其先后顺序表达清楚、流水施工时间及空间状况形象直观、使用方便等优点,因而被广泛用来表达施工进度计划。

(2)流水施工的斜线图表示法:横坐标表示流水施工的持续时间;纵坐标表示流水施工所处的空间位置,即施工段的编号。双条斜向线段表示双个施工过程或专业工作队的施工进度。斜线图表示法的优点是:能直观地反映出在一个施工段中各施工过程的先后顺序和相互配合关系,施工过程及其先后顺序表达清楚,时间和空间状况形象直观,可由其斜向进度线的斜率形象直观地表示出各施工过程的进展速度即流水强度;同时,在斜线图表中,还可以方便地进行各施工过程工作进度的允许偏差计算,但编制实际工程进度计划不如横道图方便。

2.2 流水施工的主要参数

2.2.1 工艺参数

在组织工程项目流水施工时,用以表达流水施工在施工工艺上的开展顺序及其特性的参量,均称为工艺参数。它包括施工过程和流水强度两种。

2.2.1.1 施工过程

在工程项目施工中,施工过程所包含的施工范围可大可小,既可以是分项工程,又可以是分部工程,也可以是单位工程,还可以是单项工程。施工过程的数目以 n 表示,它是流水施工的基本参数之一。根据工艺性质不同,它可分为制备类、运输类和砌筑安装类 3 种施工过程。

1)制备类施工过程

制备类施工过程是指为了提高建筑产品的加工能力而形成的施工过程,如砂浆、混凝土、构配件和制品的制备过程。它一般不占有施工项目空间,也不影响总工期,不列入施工进度计划;只在它占有施工对象的空间并影响总工期时,才列入施工进度计划,如在车间内预制的大型构件。

2)运输类施工过程

运输类施工过程是指将建筑材料、构配件、设备和制品等物资,运到建筑工地仓库或施工对象加工现场而形成的施工过程。它一般不占有施工项目空间,也不影响总工期,通常不列入施工进度计划;只在它占有施工对象空间并影响总工期时,才列入施工进度计划,如随运随吊方案的运输过程。

3)砌筑安装类施工过程

砌筑安装类施工过程是在施工项目空间上,直接进行最终建筑产品加工而形成的施工过程。它占有施工对象空间并影响总工期,必须列入施工进度计划,如地下工程、主体工程、屋面工程和装饰工程等施工过程。

砌筑安装类施工过程按其在工程项目施工过程中的作用、工艺性质和复杂程度不同可分为:

(1)主导施工过程和穿插施工过程。主导施工过程是指对整个工程项目起决定作用的施工过程,在编制施工进度计划时必须重点考虑,如砖混住宅的主体砌筑等施工过程;而穿插施工过程则是与主导施工过程搭接或平行穿插并严格受主导施工过程控制的施工过程,如安装门窗框、脚手架等施工过程。

(2)连续施工过程和间断施工过程。连续施工过程是指一道工序接一道工序连续施工,不要求技术间歇的施工过程,如主体砌筑等施工过程;而间断施工过程则是指由材料性质决定,需要技术间歇的施工过程,如混凝土需要养护、油漆需要干燥等施工过程。

(3)复杂施工过程和简单施工过程。复杂施工过程是指在工艺上,由几个紧密相连的工序组合而形成的施工过程,如混凝土工程是由筛选材料、搅拌、运输、振捣等工序组成;而简单施工过程则是指在工艺上由一个工序组成的施工过程,它的操作者、机具和材料都不变,如挖土和回填土等施工过程。

上述施工过程的划分,仅是从研究施工过程某一角度考虑的。事实上,有的施工过程既是主导的,又是连续的,同时还是复杂的施工过程,如主体砌筑工程等施工过程;而有的施工过程,既是穿插的又是间断的,同时还是简单的施工过程,如装饰工程中的油漆工程等施工过程。因此,在编制施工进度计划时,必须综合考虑施工过程的几个方面特点,以便确定其在进度计划中的合理位置。

2.2.1.2　流水强度

某施工过程在单位时间内所完成的工程量,称为该施工过程的流水强度。流水强度一般以 V_i 表示,它可由下式计算求得。

1)机械作业流水强度

$$V_i = \sum_{i=1}^{x} R_i \cdot S_i$$

式中:V_i ——某施工过程 i 的机械作业流水强度;

R_i ———投入施工过程 i 的某种施工机械台数;

S_i ——投入施工过程 i 的某种施工机械产量定额;

x_i ——投入施工过程 i 的施工机械种类数。

2)人工作业流水强度

$$V_i = R_i \cdot S_i$$

式中:V_i ——某施工过程 i 的人工作业流水强度;

R_i ——投入施工过程 i 的专业工作队工人数;

S_i ——投入施工过程 i 的专业工作队平均产量定额。

2.2.2 空间参数

在组织项目流水施工时,用以表达流水施工在空间布置上所处状态的参量,均称为空间参数。它包括工作面、施工段和施工层 3 种。

2.2.2.1 工作面

工作面是表明施工对象上可能安置多少工人进行操作或布置多少施工机械进行施工的场所空间大小。根据施工过程的不同,它可以用不同的计量单位。在组织流水施工时,通常是前一施工过程的结束为后一个(或几个)施工过程提供了工作面。每个作业的工人或每台施工机械所需工作面的大小,取决于单位时间内其完成的工程量和安全施工的要求。工作面确定得合理与否,直接影响着专业工作队的生产效率。最小工作面是指施工队(班组)为保证安全生产和充分发挥劳动效率所必需的工作面。施工段上的工作面必须大于施工队伍的最小工作面。主要工种的最小工作面的参考数据见表 2-2。

表 2-2 主要工种工作面参考数据表

工作项目	每个技工的工作面量	说明
砖基础	7.6m/人	以 0.5 砖计,2 砖乘以 0.8,3 砖乘以 0.55
砌砖墙	8.5m/人	以 1 砖计,1.5 砖乘以 0.71,1 砖乘以 0.57
混凝土柱、墙基础	$8m^3$/人	机拌、机捣

续表

工作项目	每个技工的工作面量	说明
混凝土设备基础	$7m^3$/人	机拌、机捣
现浇钢筋混凝土柱	$2.45m^3$/人	机拌、机捣
现浇钢筋混凝土梁	$3.20m^3$/人	机拌、机捣
现浇钢筋混凝土墙	$5m^3$/人	机拌、机捣
现浇钢筋混凝土楼板	$5.3m^3$/人	机拌、机捣
预制钢筋混凝土柱	$3.6m^3$/人	机拌、机捣
预制钢筋混凝土梁	$3.6m^3$/人	机拌、机捣
预制钢筋混凝土屋架	$2.7m^3$/人	机拌、机捣
混凝土地坪及面层	$40m^2$/人	机拌、机捣
外墙抹灰	$16m^2$/人	
内墙抹灰	$18.5m^2$/人	
卷材屋面	$18.5m^2$/人	
防水水泥砂浆屋面	$16m^2$/人	
门窗安装	$11m^2$/人	

2.2.2.2　**施工段**

为了有效地组织流水施工，通常将施工对象在平面或空间上划分成若干个劳动量大致相等的施工段落，称为施工段或流水段。施工段的数目一般用 m 表示，它是流水施工的主要参数之一。

1)划分施工段的目的

划分施工段的目的是组织流水施工，由于土木工程体形庞大，所以可以将其划分成若干个施工段，从而为组织流水施工提供足够的空间，保证不同的施工班组在不同的施工段上同时进行施工。在组织流水施工时，专业工作队完成一个施工段上的任务后，遵循施工组织顺序又到另一个施工段上作业，产生连续流动施工的效果。在一般情况下，一个施工段在同一时间内，只安排一个专业工作队施工，各专业工作队遵循施工工艺顺序依次投入作业，同一时间内在不同的施工段上平行施工，使流水施工均衡地进行。组织流水施工时，可以划分足够数量的施工段，使各施工班组能按一定的时间间隔转移到另一个施工段进行连续施工，既消除等待、停歇现象，避免窝工，又互不干扰。

2)划分施工段的原则

(1)施工段的分界应尽可能与结构界限或栋号相一致，宜设在伸缩缝、温度缝、沉降缝和单元尺寸等处；如果必须将分界线设在墙体中间时，应将其设在门窗洞门处，以减少施工缝的数量，有利于结构的整体性。

(2)各个施工段上的劳动量(或工程量)应大致相等，相差幅度不宜超过10%～15%。只有这样，才能保证在施工班组人数不变的情况下，使同一施工过程在各段上的施工持续时间相等，从而保证组织连续、均衡、有节奏的流水施工。

(3)为充分发挥工人(或机械)的生产效率，不仅要满足专业工种对最小工作面的要求，且要使施工段所能容纳的劳动力人数(或机械台数)满足最小劳动组合要求。

所谓最小劳动组合，是指某一施工过程进行正常施工所必需的最低限度的工人数及其合理组合。如砖墙砌筑施工，包括砂浆搅拌、材料运输、砌砖等多项工作，一般人数不宜少于18人，如果人数太少，则无法组织正常的流水施工；而技工、壮工的比例也以2∶1为宜，这就是砌筑砖墙施工队(班组)的最小劳动组合。

(4)施工段的数目要适宜，对于某一项工程，若施工段数过多，则每段上的工程量就较少，势必要减少班组人数，使得过多的工作面不能被充分利用，拖长工期；若施工段数过少，则每段上的工程量较大，又造成施工段上的劳动力、机械和材料等的供应过于集中，互相干扰大，不利于组织流水施工，也会使工期拖长。

(5)划分施工段时，应以主导施工过程的需要来划分。主导施工过程是指劳动量较大或技术复杂、对总工期起控制作用的施工过程，如多层全现浇钢筋混凝土结构的混凝土工程就是主导施工过程。

(6)施工段的划分还应考虑垂直运输机械和进料的影响。一般用塔吊时分段可多些，用井架等固定式垂直运输机械时，分段应与其经济服务半径相适应，从而尽可能地避免因跨段进行楼面水平运输而造成的混乱。

(7)当有层间关系(即拟建工程又分层又分段)时，为使各施工队(班组)能连续施工(即各施工过程的施工队做完第一段能立即转入第二段，施工完第一层的最后一段能立即转入第二层的第一段)，每层的施工段数应满足下列要求：$m \geqslant n$ 或 $m \geqslant \sum b_i$（b_i 为第 i 个施工过程的施工队数）。当有间歇时间时，则应满足下式的要求：

$$m \geqslant n+\frac{\sum Z_1+Z_2+\sum G-\sum D}{K}$$

或

$$m \geqslant \sum b_i+\frac{\sum Z_1+Z_2+\sum G-\sum D}{K_b}$$

式中，$\sum Z_1$ 为一个施工层内的各个施工过程间的技术间歇时间之和；Z_2 为层间间歇；$\sum G$ 为一个施工层内的各个施工过程间的组织间歇之和；$\sum b_i$ 为等步距异节拍流水施工方式中的专业工作队总数；K_b 为等步距异节拍流水施工方式中的流水步距；$\sum D$ 为一层内搭接时间之和。

2.2.2.3　施工层

在组织流水施工时，为满足专业工种对操作高度的要求，通常将施工项目在竖向上划分为若干个操作层，这些操作层均称为施工层。施工层的数目一般用 j 表示。

施工层的划分，要视工程项目的具体情况，根据建筑物的高度、楼层来确定。如砌筑工程的施工层高度一般为 1.2～1.4m，即一步脚手架的高度作为一个施工层；室内抹灰、木装修、油漆、玻璃和水电安装等，可以一个楼层作为一个施工层。

2.2.3　时间参数

时间参数是指在组织流水施工时，用以表达流水施工在时间安排上所处状态的参数，主要包括流水节拍、流水步距、平行搭接时间、技术间歇时间和流水施工工期等。

2.2.3.1　流水节拍

流水节拍是指在组织流水施工时，每个专业工作队在各个施工段上完成相应的施工任务所需要的工作延续时间。流水节拍通常用 t_i 表示，它是流水施工的基本参数之一。

流水节拍的大小，可以反映出流水施工速度的快慢、节奏感的强弱。流水节拍小，其流水速度快，节奏感强；反之则相反。此外，流水节拍也决定着单位时间的资源供应量；同时，流水节拍也是区别流水施工组织方式的特征参数。

影响流水节拍数值大小的因素主要有：该施工段的工程量，所采取的施工方法、施工机械以及在工作面允许的前提下投入施工的工人数、机械台数和采用的工作班次等。为了避免工作队转移时浪费工时，流水节拍在数值上最好是半个班的整倍数。

流水节拍可分别按下列方法确定。

1)定额计算法

这是根据各施工段的工程量、能够投入的资源量(工人数、机械台数和材料量等)，按下式进行计算：

$$t_i = \frac{Q_i}{S_i \cdot R_i \cdot N_i} = \frac{P_i}{R_i \cdot N_i}$$

或

$$t_i = \frac{Q_i \cdot H_i}{R_i \cdot N_i} = \frac{P_i}{R_i \cdot N_i}$$

式中：t_i ——某专业工作队在第 i 施工段的流水节拍；

Q_i ——某专业工作队在第 i 施工段要完成的工程量；

S_i ——某专业工作队的计划产量定额；

H_i ——某专业工作队的计划时间定额；

P_i ——某专业工作队在第 i 施工段需要的劳动量或机械台班数量；

R_i ——某专业工作队投入的工作人数或机械台数；

N_i ——某专业工作队的工作班次。

在上式中，S_i 和 H_i 最好是反映本项目经理部实际水平的定额。

如工期已定，根据工期要求，用倒排进度方法确定的流水节拍，可用上式反算出资源需要量，这时应考虑作业面是否足够。如果工期紧、节拍短，就应考虑增加作业班次(双班或三班)，相应的机械设备能力和材料供应情况也应同时考虑。

2)经验估算法

对于采用新结构、新工艺、新方法和新材料等没有定额可循的工程项目，可根据以往的施工经验进行估算。为了提高准确程度，往往先估算出该流水节拍的最长、最短和正常(即最可能)3 种时间，然后据此求出期望时间，作为某专业工作队在某施工段上的流水节拍。

因此，本法也称为三种时间估算法，一般按下式进行计算：

$$t = \frac{a + 4c + b}{6}$$

式中：t——某施工过程在某施工段上的流水节拍；

a——某施工过程在某施工段上的最短估算时间；

b——某施工过程在某施工段上的最长估算时间；

c——某施工过程在某施工段上的正常估算时间。

2.2.3.2　流水步距

流水步距是指在组织流水施工时，相邻两个专业工作队在保证施工顺序、满足连续施工、最大限度地搭接和保证工程质量要求的条件下，相继投入施工的最小时间间隔。流水步距一般用 $K_{j,j+1}$ 表示，它是流水施工的主要参数之一。

流水步距的数目取决于参加流水施工的专业工作队数。如果有 n 个专业工作队，则流水步距的总数为 $n-1$ 个。

1)确定流水步距的原则

流水步距的大小取决于相邻两个施工过程(或专业工作队)在各施工段上的流水节拍及流水施工的组织方式。确定流水步距时应遵守以下原则：

(1)相邻两个专业工作队按各自的流水速度施工，要始终保持施工工艺的先后顺序；

(2)各专业工作队投入施工后尽可能保持连续作业；

(3)相邻两个专业工作队在满足连续施工的条件下，能最大限度地实现合理搭接；

(4)要保证工程质量，满足安全生产。

2)确定流水步距的方法

流水步距的确定方法很多，而简捷实用的方法主要有图上分析法、分析计算法和潘特考夫斯基法等。

潘特考夫斯基法也称为“累加数列错位相减取大差法”，简称累加数列法。其计算步骤如下：

(1)根据各专业工作队在各施工段上的流水节拍，求累加数列；

(2)根据施工顺序，对所求相邻的两累加数列，错位相减；

(3)根据错位相减的结果，确定相邻专业工作队之间的流水步距，即相减结果中数值最大者。

2.2.3.3　平行搭接时间

在组织流水施工时，有时为了缩短工期，在工作面允许的条件下，如果前一个专业工作队完成部分施工任务后，能够提前为后一个专业工作队提供工作面，使后者提前进入前一个施工段，这样两个相邻的工作队在同施工段上平行搭接施工，这个搭接的时间称为平行搭接时间，一般用 $C_{j,j+1}$ 表示。

2.2.3.4 技术间歇时间

在组织流水施工时，除要考虑相邻专业工作队之间的流水步距外，有时根据建筑材料或现浇构件等的工艺性质或者施工组织方面的要求，还需要考虑合理的等待间歇时间，称为技术间歇时间，如混凝土浇筑后的养护时间，砂浆抹面和油漆面的干燥时间，墙体砌筑前的墙身位置弹线，施工人员、机械的转移，回填土前地下管道的检查验收等，一般用 $Z_{j,j+1}$ 表示。

2.2.3.5 流水施工工期

流水施工工期是指从第一个专业工作队投入流水施工开始，到最后一个专业工作队完成最后一个施工段的任务后退出流水施工为止的整个持续时间，一般用 T 表示。

在安排流水施工之前，应有一个基本的工期目标，以便在总体上约束具体的流水作业组织。在流水作业安排以后，可以通过计算或作图确定工期并与目标工期比较，两者应相等或使计算工期小于目标工期。

由于一项建设工程往往包含有许多流水组，故流水施工工期一般均不是整个工程的总工期。

2.3 流水施工的基本方式

2.3.1 等节奏流水施工

等节奏流水（也称全等节拍流水），是指流水速度相等，是最理想的组织流水方式，因为这种组织方式能够保证专业队的工作连续、有节奏，可以实现均衡施工，从而最理想地达到组织流水施工的目的。在可能的情况下，应尽量采用这种方式组织流水施工。

组织等节奏流水施工，首要的前提是使各施工段的工程量基本相等；其次，要先确定主导施工过程的流水节拍；第三，使其他施工过程的流水节拍与主导施工过程的流水节拍相等，做到这一点的办法主要是调节各专业队的人数。

在多层建筑施工中，使每层施工段数与专业队数相等最为理想（即 $M = N'$），这样可以使得专业队的工作连续，工作面也充分利用。如果 $M > N'$，虽可使专业队的工作连续，但工作面有闲歇，故效果稍差；如果 $M < N'$，则造成专业队窝工，这是组织流水施工不能允许的。

在没有技术间歇时间和插入时间的情况下，等节奏流水的流水步距与流水节拍在时间上相等。工期的计算公式如下：

$$T_t = (M + N' - 1)t$$

或

$$T_t = (M + N' - 1)k$$

式中：T_t ——工期；

M ——各层的流水段数。

在有技术间歇时间和插入时间的情况下，工期的计算公式如下：

$$T_t = (M + N' - 1)k - \sum C + \sum Z$$

式中：$\sum Z$ ——间歇时间之和；

$\sum C$ ——插入时间之和。

图 2-4 是一个等节奏流水施工图。其中，$M=4$，$N= N' =5$，$k=4\mathrm{d}$，$\sum Z = 4\mathrm{d}$，$\sum C = 4\mathrm{d}$，故其工期的计算如下：

$$\begin{aligned} T_t &= (M + N' - 1)k + \sum Z - \sum C \\ &= (4 + 5 - 1) \times 4 + 4 - 4 = 32(\mathrm{d}) \end{aligned}$$

专业队	进 度 (d)																															
	1	2	3	4	5	6	7	8	9	10	11	12	13	14	15	16	17	18	19	20	21	22	23	24	25	26	27	28	29	30	31	32
A			1				2				3				4																	
B					Z_{AB}				1				2				3				4											
C									C_{BC}		1				2				3				4									
D											C_{CD}		1				2				3				4							
E															Z_{CD}				1				2				3				4	

图 2-4　等节奏流水施工计划

如果是线性工程，也可组织等节奏流水，称为“流水线法施工”，其组织方法类似于建筑物施工的组织方法，具体步骤如下：

第一步，将线性工程对象划分成若干个施工过程。

第二步，通过分析，找出对工期起主导作用的施工过程。

第三步，根据完成主导施工过程工作的专业队或机械的每班生产率确定专业队的移动速度。

第四步，根据这一速度设计其他施工过程的流水作业，使之与主导施工过程相配合。

也就是说，工艺上密切联系的专业队，按一定的工艺顺序相继投入施工，各专业队以一定不变的速度沿着线性工程的长度方向不断向前推移，每天完成同样长度的工作内容。

例如，某铺设管道工程，由开挖沟槽、铺设管道、焊接钢管、回填土 4 个施工过程组成。经分析，开挖沟槽是主导施工过程，每班可挖 50m。因此，其他施工过程都应该以每班 50m 的施工速度，与开挖沟槽的施工速度相适应。每隔一班(50m 的间距)投入一个专业队。这样，我们就可以对 500m 长度的管道工程按如图 2-5 所示的进度计划组织流水线法施工。

施工过程专业队		进度 (d)												
		1	2	3	4	5	6	7	8	9	10	11	12	13
开挖沟槽	甲													
铺设管道	乙													
焊接钢管	丙													
回填土	丁													

图 2-5 流水线法施工计划

流水线法组织施工的计算公式如下：

$$T_t = (N'-1)k + \frac{L}{V}k + \sum Z - \sum C$$

令 $\frac{L}{V} = M$，则

$$T_t = (M + N' - 1)k + \sum Z - \sum C$$

式中：T_t ——线性工程施工工期；

L——线性工程总长度；

k——流水步距；

N' ——工作队数；

V——没办移动速度。

本例中，k=1d，$N'=4$，$M = \frac{500}{50} = 10$，故：

$$T_t = (10 + 4 - 1) \times 1 = 13(\mathrm{d})$$

此计算结果与图 2-5 相符。

2.3.2　异节奏流水施工

异节奏流水施工的优点是各专业队的工作有相同的节奏，无疑会给组织连续、均衡地施工带来方便。

有一种情况是，各专业队的流水节拍都是某一个常数的倍数。于是，我们可以仿照全等节拍流水的方式组织施工，产生与全等节拍流水施工同样的效果。这种组织方式可称为成倍节拍流水。

【例 2-2】某工程有 7 段，划分为甲、乙、丙 3 个施工过程，经计算，确定其流水节拍为 2d、6d 和 4d，这三种节拍都是 2 的倍数。于是，可以通过增加工作队的办法，把它组织成类似于全等节拍流水的成倍节拍流水，这个全等节拍就是各节拍的最大公约数。组织方法如下：

第一，以最大公约数去除各施工过程的流水节拍，其商数就是各施工过程需要组建的专业队数。本例中，甲施工过程需要 1 个队，乙施工过程需要 3 个队，丙施工过程需要 2 个队。

第二，分配每个专业队负责的施工段，以便按时到位施工。

第三，以常数为流水步距，绘制流水施工图。图 2-6 就是该工程的成倍节拍流水施工图。

第四，检查图的正确性，防止发生错误。既不能有“超前”作业，又不能有中间停歇。

第五，计算工期。计算公式与全等节拍流水施工相同，即：

$$T_t = (M + N' - 1)k + \sum Z - \sum C$$

本例的工期如下：

$$
\begin{aligned}
T_t &= (M+N'-1)k \\
&= (7+6-1)\times 2 \\
&= 24(\mathrm{d})
\end{aligned}
$$

施工过程	专业队	进度 (d)																							
		1	2	3	4	5	6	7	8	9	10	11	12	13	14	15	16	17	18	19	20	21	22	23	24
甲	A		1		2		3		4		5		6		7										
乙	B						1						4						7						
	C								2						5										
	D										3						6								
丙	E											1				3				5				7	
	F													2				4				6			

图 2-6　成倍节拍流水施工图

在异节奏流水中，如果各施工过程之间的流水节拍没有成倍的规律，可有两种组织方法：一种方法是计算其流水步距，然后绘制流水作业图，计算的方法可参照无节奏流水施工的流水步距计算方法，如图 2-7 所示；另一种方法是以最大节拍为准组织等节奏间断流水施工，如图 2-8 所示。

施工过程	进度 (d)																							
	2	4	6	8	10	12	14	16	18	20	22	24	26	28	30	32	34	36	38	40	42	44	46	48
甲	1	2	3	4	5	6	7																	
乙			1			2			3			4			5			6			7			
丙												1		2		3		4		5		6		7

图 2-7　按无节奏法组织异节奏流水施工图

施工过程	进度 (d)																							
	2	4	6	8	10	12	14	16	18	20	22	24	26	28	30	32	34	36	38	40	42	44	46	48
甲	1			2			3			4			5			6			7					
乙			1			2			3			4			5			6			7			
丙						1			2			3			4			5			6			7

图 2-8　按等节奏法组织异节奏流水施工图

2.3.3　无节奏流水施工

无节奏流水可用分别流水法施工。分别流水法的实质是：各专业队连续施工，流水步距经计算确定，使专业队之间在一个施工段内不相互干扰（不超前，但可能滞后），或做到前后专业队之间工作紧紧衔接。因此，组织无节奏流水的关键就是正确计算流水步距。

计算流水步距可用“大差法”，它是由苏联专家潘特考夫斯基提出的，故又称“潘氏方法”，现举例如下。

某工程的流水节拍见表 2-3。

表 2-3　某工程流水节拍

施工过程	流水节拍(d)			
	一段	二段	三段	四段
甲	2	4	3	2
乙	3	3	2	2
丙	4	2	3	2

计算流水步距的步骤如下：

第一步，累加各施工过程的流水节拍，形成累加数据系列。

第二步，相邻两施工过程的累加数据系列错位相减。

第三步，取差数之大者作为该两个施工过程的流水步距。

根据以上 3 个步骤对本例进行计算。首先求甲、乙两施工过程的流水步距：

$$
\begin{array}{rrrrrr}
 & 2 & 6 & 9 & 11 & 0 \\
-) & 0 & 3 & 6 & 8 & 10 \\
\hline
 & 2 & 3 & 3 & 3 & -10
\end{array}
$$

可见，其最大差值为 3，故甲、乙两个施工过程的流水步距可取 3d。

同理可求得乙、丙两个施工过程的流水步距是 3d。

$$
\begin{array}{rrrrrr}
 & 3 & 6 & 8 & 10 & 0 \\
-) & 0 & 4 & 6 & 9 & 11 \\
\hline
 & 3 & 2 & 2 & 1 & -11
\end{array}
$$

该工程的流水作业图见图 2-9。

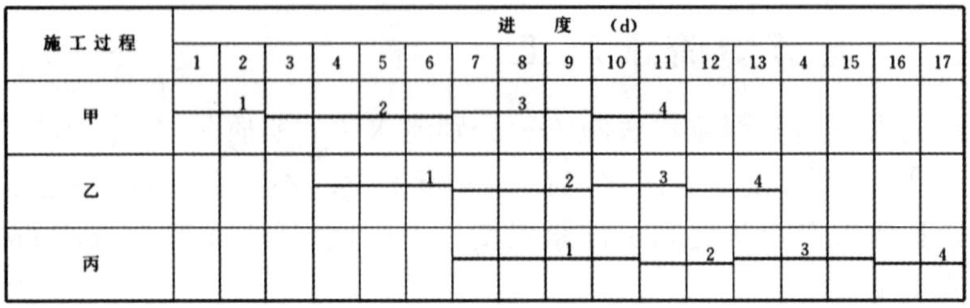

施工过程	进度（d）																
	1	2	3	4	5	6	7	8	9	10	11	12	13	4	15	16	17
甲		1			2			3			4						
乙						1			2		3		4				
丙									1			2		3			4

图 2-9　分别流水法施工图

无节奏流水的工期计算公式如下：

$$T_t = \sum K_{i,i+1} + \sum t_n^j$$

式中：$\sum K_{i,i+1}$ ——流水步距之和；

$\sum t_n^j$ ——最后一个施工过程的各段施工时间。

该工程的工期如下：

$$\begin{aligned} T_t &= \sum K_{i,i+1} + \sum t_n^j \\ &= (3+3)+(4+2+3+2) \\ &= 6+11 = 17(\text{d}) \end{aligned}$$

第 3 章　网络计划与进度管理技术

网络计划技术是指用于工程项目的计划与控制的一项管理技术，是表达工程进度计划的有效方法，而且可用来分析资源优化。本章是对网络计划与进度管理技术的研究，在对网络计划技术进行总体论述的基础上，研究了常用网络计划技术及工程项目进度计划的检查与调整。

3.1　网络计划技术概述

3.1.1　网络计划

3.1.1.1　网络计划的基本概念

网络计划技术，也称网络计划法，是利用网络计划进行生产组织与管理的一种方法。网络计划技术是 20 世纪中叶在美国创造和发展起来的一项新计划技术，当初最有代表性的是关键线路法(CPM)和计划评审技术法(PERT)。这两种网络计划技术有一个共同的特征，那就是用网状图形来反映和表达计划的安排，故习惯统称为网络计划技术。这种方法逻辑严谨，主要矛盾突出，且有利于计划的调整、优化、控制和计算机应用。

网络计划(network planning)是以网络图(network diagram)的形式来表达任务构成、工作顺序并加注工作时间参数的一种进度计划。网络图是指由箭线和节点(圆圈)组成的，用来表示工作流程的有向、有序的网状图形。网络图按其所用符号的意义不同，可分为双代号网络图(activity—on—arrow network)和单代号网络图(activity—on—node network)两种，分别如图 3-1、图 3-2 所示。

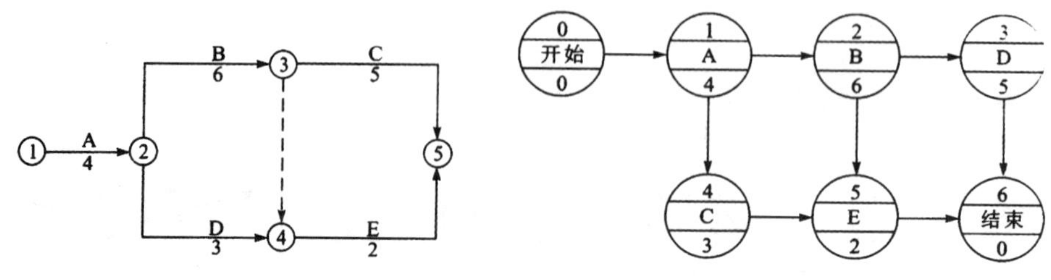

图 3-1　双代号网络图　　　　图 3-2　单代号网络图

3.1.1.2　网络计划的基本原理

(1)首先确定施工工序组成,掌握各施工工序先后顺序搭接关系;再确定每道工序所需时间,绘成网络图,以此来表达施工计划中各施工过程先后顺序的逻辑关系。

(2)分析各施工过程在网络图中的地位,通过计划找出关键工作、关键线路及其施工过程。

(3)利用最优化原理,不断改善网络计划初始安排,选择优化方案,付诸实施。

(4)在网络计划执行过程中,对其进行有效控制、监督、调整和纠正,合理地安排各项资源,以最少的资源消耗,获得最大的经济效益。

3.1.2　网络计划的分类

网络计划技术是一种内容非常丰富的计划管理方法,在实际应用中,通常从不同角度将其分成不同的类别。常见的分类方法有以下几种。

3.1.2.1　按网络计划目标分类

根据计划最终目标的多少,网络计划可分为单目标网络计划和多目标网络计划。

1)单目标网络计划

只有一个最终目标的网络计划称为单目标网络计划,如图 3-3 所示。

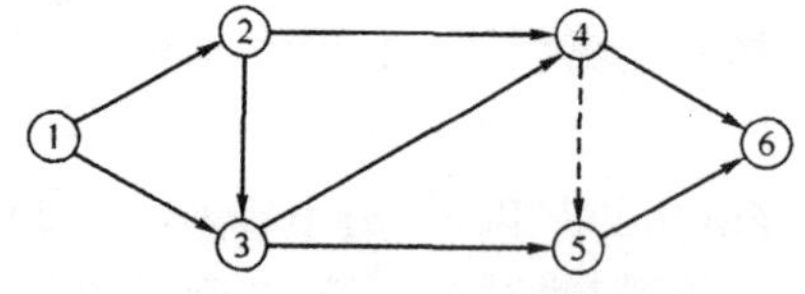

图 3-3　单目标网络图

2)多目标网络计划

由若干个独立的最终目标与其相互有关工作组成的网络计划称为多目标网络

计划，如图 3-4 所示。

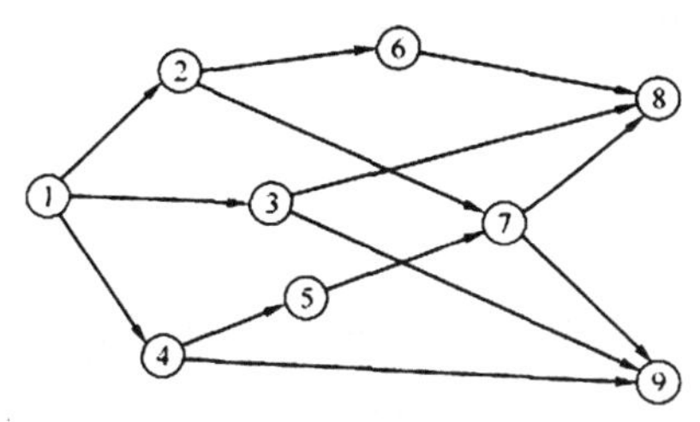

图 3-4　多目标网络图

3.1.2.2　按网络计划层次分类

根据计划的工程对象不同和使用范围大小，网络计划可分为局部网络计划、单位工程网络计划和综合网络计划。

1)局部网络计划

局部网络计划是以一个分部工程或施工段为对象编制的网络计划。

2)单位工程网络计划

单位工程网络计划是以一个单位工程为对象编制的网络计划。

3)综合网络计划

综合网络计划是以一个建筑项目或建筑群为对象编制的网络计划。

3.1.2.3　按工作表示方法分类

根据计划的工作表示方法不同，网格计划可分为双代号网络计划和单代号网络计划。

1)双代号网络计划

双代号网络计划是各项工作以双代号表示法绘制而成的网络计划。在网络图中，以箭线代表工作，节点表示过程开始或结束的瞬间，计划中的每项工作均可用箭线两端的节点内的编号来表示。如图 3-1 中，①→②代表 A 工作，②→③代表 B 工作。

2)单代号网络计划

单代号网络计划是以单代号的表示方法绘制而成的网络计划。在单代号网络图中，以节点表示工作，箭线仅表示过程之间的逻辑关系，同时各工作均可用代表该工作的节点中的编号来表示。如图 3-2 中，编号 1 代表 A 工作，编号 2 代表 B 工作，编号 5 代表 E 工作等。

美国较多使用双代号网络计划，欧洲则较多使用单代号网络计划。

3.1.2.4 按时间表达方式分类

根据计划的时间表达方式不同，网络计划可分为时标网络计划和非时标网络计划。

1)时标网络计划

带有时间坐标的网络计划称为时标网络计划。该计划以横坐标为时间坐标，每项工作箭线的水平投影长度与其持续时间成正比关系，即箭线的水平投影长度代表该工作的持续时间。时间坐标的时间单位(天、周、月等)可根据实际需要来确定，如图 3-5 所示。

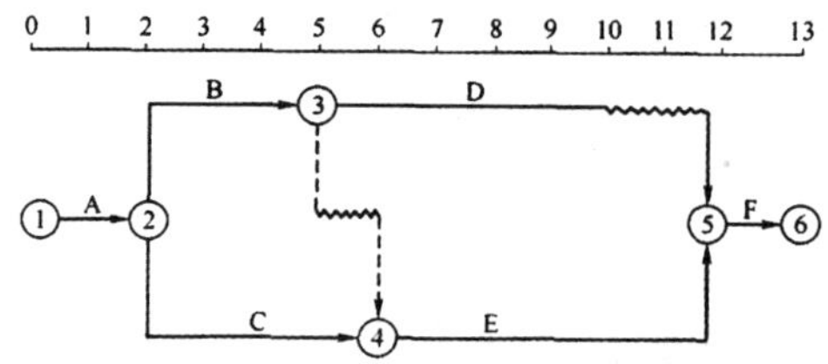

图 3-5 双代号时标网络计划图

2)非时标网络计划

工作的持续时间以数字形式标注在箭线下面绘制的网络计划称为非时标网络计划，如图 3-6 所示。在非时标网络计划中，工作箭线长度与该工作的持续时间无关，各施工过程持续时间用数字写在箭线的下方，习惯上简称网络计划。

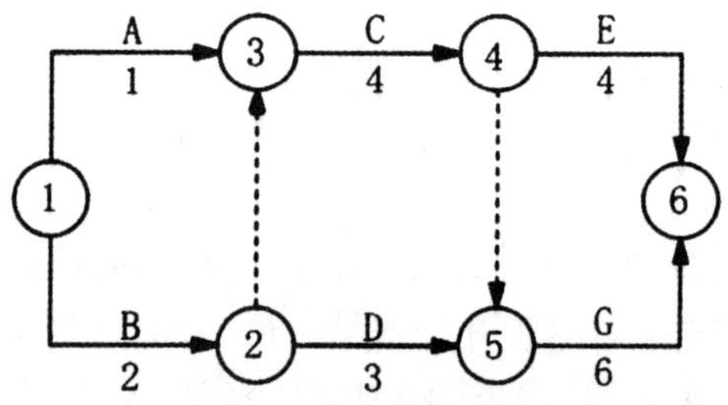

图 3-6 双代号非时标网络计划图

3.1.2.5 按性质和作用分类

根据计划的性质和作用不同，网络计划可分为控制性网络计划和实施性网络计划。

1)控制性网络计划

控制性网络计划是以单位工程网络计划和总体网络计划的形式编制，是上级管理机构指导工作、检查和控制进度计划的依据，也是编制实施性网络计划的依据。

2)实施性网络计划

实施性网络计划的编制对象为分部工程或者复杂的分项工程，以局部网络计划的形式编制，因此，施工过程划分较细，计划工期较短。它是管理人员在现场具体指导施工的依据，也是控制性进度计划得以实施的基本保证。对于较简单的工程，也可以编制实施性网络计划。

3.2　常用网络计划技术

3.2.1　双代号网络计划

3.2.1.1　双代号网络图的构成

以箭线及其两端节点的编号表示工作的网络图称为双代号网络图。即用两个节点、一根箭线代表一项工作，工作名称写在箭线上面，工作持续时间写在箭线下面，在箭线的两端分别画上一个圆圈作为节点，并在节点内进行编号，用箭尾节点号码 i 和箭头节点号码 j 作为这个工作的代号，如图 3-7 所示。由双代号表示法构成的网络图称为双代号网络计划图，如图 3-8 所示。

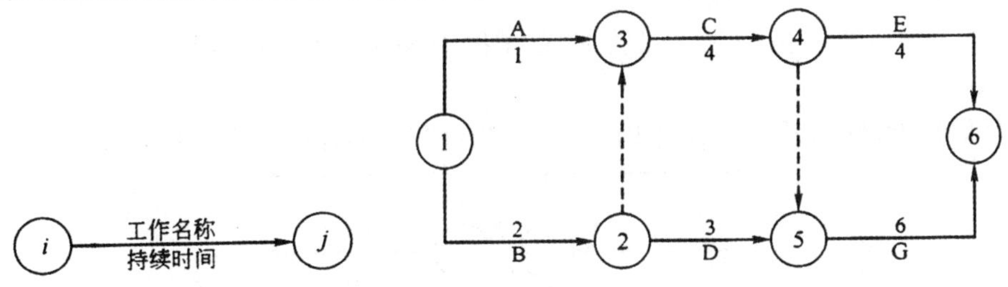

图 3-7　双代号表示方法　　图 3-8　双代号网络计划图

双代号网络图是由箭线、节点、节点编号和线路构成。

1)箭线

网络图中一端带箭头的线称为箭线。一条箭线表示一项工作，又称工序、作业或活动。在不同的网络图计划中，箭线可表示一个单位工程或一个工程项目、一个分部工程或一个分项工程等。具体表示方法如图 3-9 所示。

图 3-9　双代号网络计划实箭线表达内容示意图

在双代号网络图中，它与其两端的节点共同表示一项工作。箭线的形式与对应的含义有以下几种情况：

(1)实箭线与其两端的节点构成的工作，表示实际发生的工作，即实工作。在双代号网络图中，实工作有以下两种情况：

①既消耗时间又消耗资源的工作，它是在网络计划中必须要发生的工作，如装饰抹灰。

②只消耗时间而不消耗资源的工作，它在网络计划中也是必须要发生的工作，如装饰抹灰中的砂浆找平层的干燥时间。如果单独作为一个施工过程来对待，它也应该要发生的，因此要作为一个实实在在的工作来对待。

(2)虚箭线与其两端的节点构成的工作，表示虚拟发生的工作，即称为虚工作，以虚生产线表示或在实箭线下标 0，如图 3-10 所示。在网络图中，虚箭线仅表示工作之间的逻辑关系，是既不消耗时间，也不消耗资源的一个虚设的施工过程。

图 3-10　双代号网络计划图虚箭线的两种表示方法

(3)内向箭线和外向箭线。

①内向箭线。指向某个节点的箭线称为该节点的内向箭线，如图 3-11(a)所示。

②外向箭线。从某节点引出的箭线称为该节点的外向箭线，如图 3-11(b)所示。

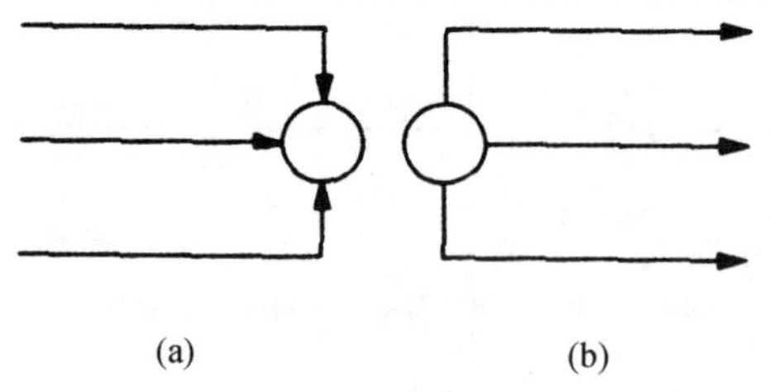

图 3-11　内向箭线与外向箭线

2)节点

节点也称结点、事件或事项。节点表示工作之间的联结。在时间上,它表示一个工作的开始(结束)或另一个工作的结束(开始),这意味着前后工作交接的瞬间。

在双代号网络图中,用带编号的圆圈表示节点。箭线的出发节点称为该工作的开始节点,箭头指向的节点称为该工作的结束节点。任何工作都可以用箭线和其前、后的两个节点来表示,起点节点编号在前,终点节点编号在后。

网络图的第一个节点称为整个网络图的起始节点,最后一个节点称为网络图的终点节点,其余的节点均称为中间节点。起点节点是网络图的第一个节点,表示一项任务的开始。终点节点是网络图的最后一个节点,表示一项任务的完成。除起点节点和终点节点外的中间节点都有双重的含义,既是前面工作的结束节点,也是后面工作的开始节点,如图 3-12 所示。

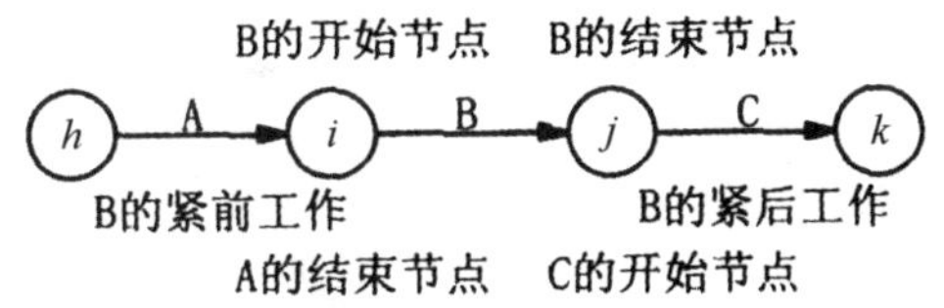

图 3-12　节点示意图

对于某项工作来说,紧接在其箭尾节点前面的工作称为该工作的紧前工作,在此之前所有的工作称为该工作的先行工作;紧接在其箭头节点后面的工作称为该工作的紧后工作,在此之后发生的所有工作称为该工作的后续工作;和它同时进行的、无前后时间顺序的工作称为该工作的平行工作;网络图中起始发生的工作称为起始工作,最后发生的工作称为终点工作;中间所有发生的工作称为中间工作,如图 3-13 所示。

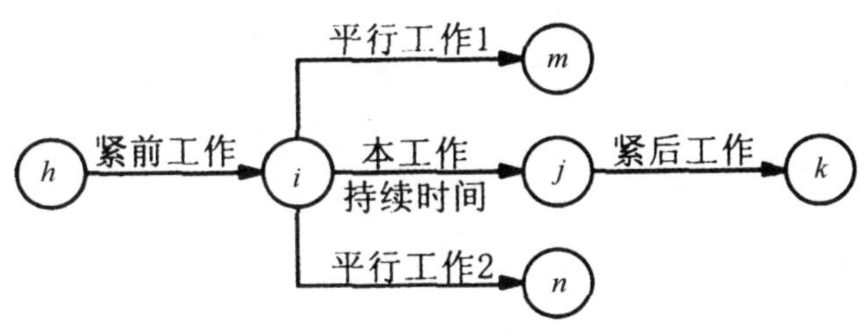

图 3-13　工作的分类

3)节点编号

网络图中的每个节点都有自己的编号,以便赋予每项工作以代号,便于计算网络图的时间参数和检查网络图是否正确。

节点编号必须满足两条基本规则:其一,箭头节点编号大于箭尾节点编号;其二,在一个网络图中,所有节点不能出现重复编号。编号的号码可以按自然数顺序进行,也可以非连续编号,以便适应网络计划调整中增加工作的需要,编号留有余地。

节点编号方法有以下两种形式:

(1)水平编号法。即从起点节点开始由上到下逐列编号,每行则自左到右按顺序编号,如图 3-14 所示。

(2)垂直编号法。即从起点节点开始自左到右逐行编号,每列则根据编号规则的要求进行编号,如图 3-15 所示。

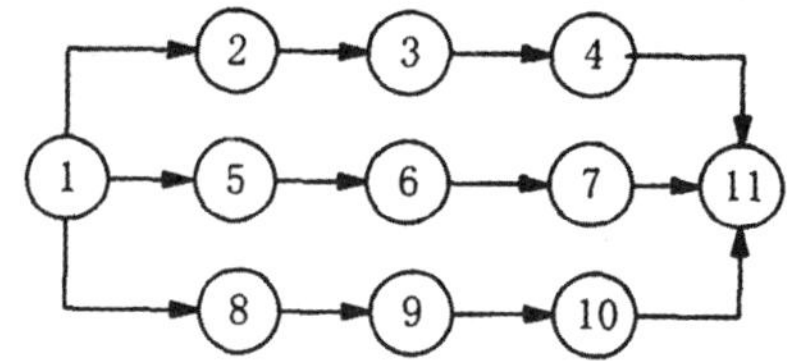

图 3-14 水平编号法

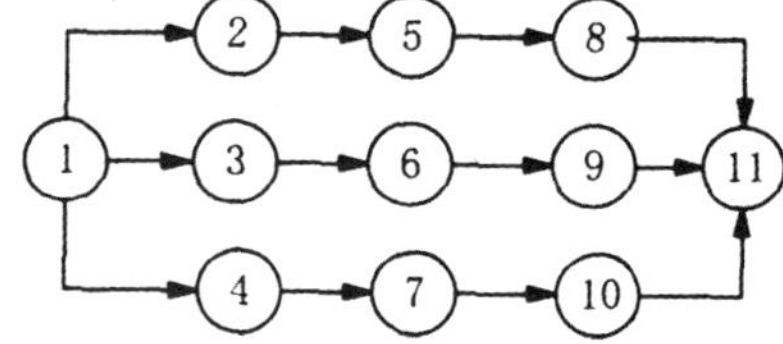

图 3-15 垂直编号法

4)线路

(1)线路的含义与分类。

线路又称路线。网络图中以起点节点开始,沿箭线方向连续通过一系列节点和箭线,最后到达终节点的若干条通路称为线路。线路可依次用该线路上的节点号码来表示,也可依次用该线路上的过程名称来表示。通常情况下,一个网络图可以有多条线路,线路上各施工过程的持续时间之和为线路时间,它表示完成该线路上所有工作所需要的时间。一般情况下,各条线路时间往往各不相同,其中,所花时间最长的线路称为关键线路,除关键线路之外的其他线路称为非关键线路,非关键线路中所花时间仅次于关键线路的线路称为次关键线路。

如图 3-16 所示的网络图中共有 8 条线路,各条线路持续时间如下:

第一条线路:①→②→③→⑤→⑦→⑧=2+4+2+7+3=18;

第二条线路:①→②→③→⑤→⑥→⑦→⑧=2+4+2+2+3=13;

第三条线路:①→②→③→④→⑤→⑦→⑧=2+4+3+7+3=19;

第四条线路:①→②→③→④→⑥→⑦→⑧=2+4+2+2+3=13;

第五条线路:①→②→③→④→⑤→⑥→⑦→⑧=2+4+3+2+3=14;

第六条线路:①→②→④→⑥→⑦→⑧=2+3+2+2+3=12;

第七条线路:①→②→④→⑤→⑦→⑧=2+3+3+7+3=18;

第八条线路:①→②→④→⑤→⑥→⑦→⑧=2+3+3+2+3=13。

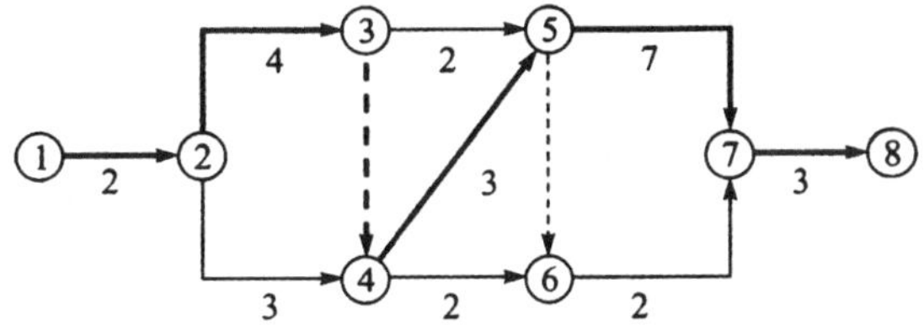

图 3-16　双代号网络图

由上述分析计算可知，第三条线路所花时间最长，即为关键线路，它决定该网络计划的计算工期，其他线路都称为非关键线路。关键线路在网络图上一般用粗箭线或双箭线来表示。一个网络图至少存在一条关键线路，也可能存在多条关键线路。在一个网络计划中，关键线路不宜过多，否则按计划工期完成任务的难度就较大。

关键线路并不是一成不变的，在一定程度下，关键线路和非关键线路可以互相转化。例如，当关键线路上的工作时间缩短或非关键线路上的工作时间延长时，就可能使关键线路发生转移。

（2）施工过程根据所在线路的分类。

各施工过程由于所在线路不同，可以分为两类：关键工作和非关键工作。位于关键线路上的工作称为关键工作，图 3-16 中的关键工作为①→②、②→③、③→④、④→⑤、⑤→⑦、⑦→⑧等。位于非关键线路上，除关键工作之外的其他工作称为非关键工作，图 3-16 中的非关键工作为④→⑥、⑥→⑦等。

（3）线路时差。

非关键线路与关键线路之间存在的时间差，称为线路时差。例如，图 3-16 中关键线路与第一条线路的时差为 1 天，即在不影响工期情况下，非关键线路有一天的机动时间。

线路时差的意义：非关键施工过程可以在时差允许范围内，将部分资源调配到关键工作上，从而加快施工进度；或者在时差范围内改变非关键工作的开始和结束时间，达到均衡资源的目的。

2.3.1.2　双代号网络图的绘制

1）双代号网络图的绘制规则

在绘制双代号网络图时，一般应遵循以下基本规则：

（1）网络图必须按照已定的逻辑关系绘制。由于网络图是有向、有序网状图形，所以其必须严格按照工作之间的逻辑关系绘制，这同时也是为保证工程质量和资源优化配置及合理使用所必需的。例如，已知工作之间的逻辑关系如表 3-1 所示，若绘出网络图 3-17(a)则是错误的，因为工作 A 不是工作 D 的紧前工作。此时，可用虚箭线将工作 A 和工作 D 的联系断开，如图 3-17(b)所示。

表 3-1　逻辑关系表

工作	A	B	C	D
紧前工作	—	—	A、B	B

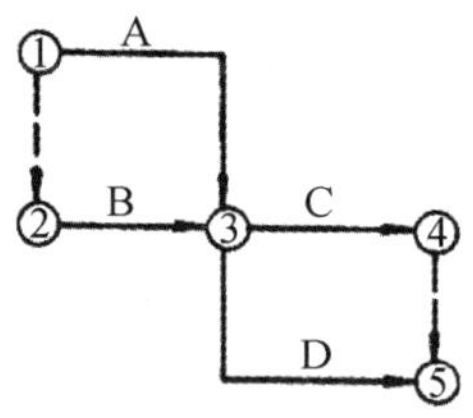

(a)错误画法

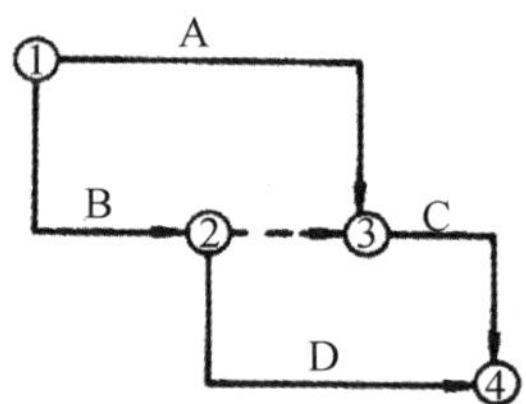

(b)正确画法

图 3-17　按照表 3-1 绘制的网络图

(2)网络图中严禁出现循环回路。如果出现循环回路，会造成逻辑关系混乱，使工作无法按顺序进行。如图 3-18 所示，网络图中存在不允许出现的循环回路 BCGF，当然，此时节点编号也发生错误。

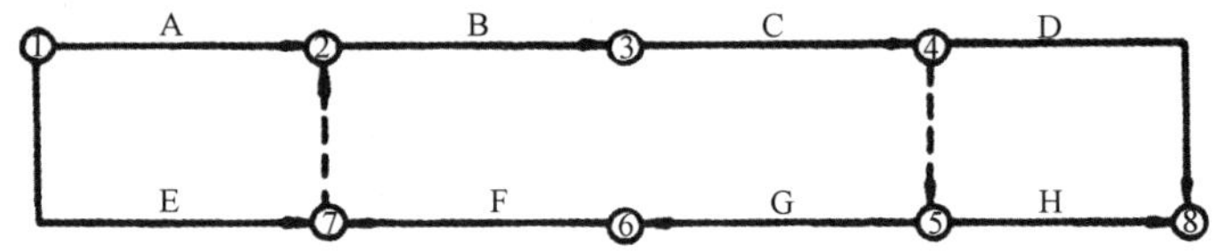

图 3-18　存在循环回路的错误网络图

(3)网络图中的箭线(包括虚箭线，以下同)应保持自左向右的方向，不应出现箭头指向左方的水平箭线和箭头偏向左方的斜向箭线。若遵循该规则绘制网络图，就不会出现循环回路。

(4)网络图中严禁出现双向箭头和无箭头的连线。图 3-19 即为错误的工作箭线画法，因为工作进行的方向不明确，因而不能达到网络图有向的要求。

(a) 双向箭头

(b) 无箭头

图 3-19　错误的工作箭线画法

(5)网络图中严禁出现没有箭尾节点的箭线和没有箭头节点的箭线。图 3-20 即为错误的画法。

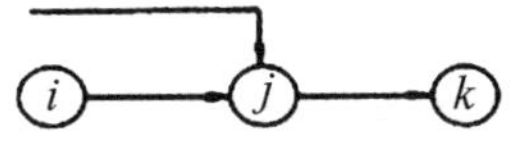

(a)存在没有箭尾节点的箭线

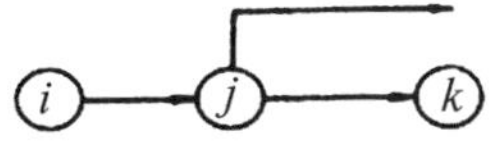

(b)存在没有箭头节点的箭线

图 3-20　错误的画法

(6)严禁在箭线上引入或引出箭线。图 3-21 即为错误的画法。

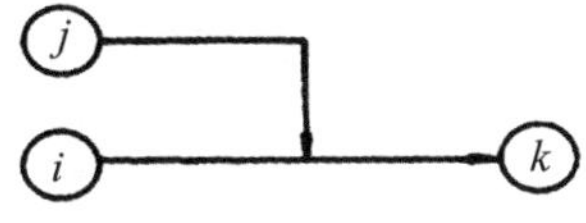

(a)在箭线上引入箭线

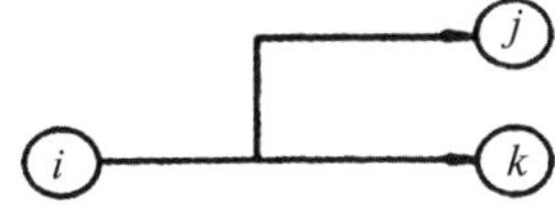

(b)在箭线上引出箭线

图 3-21　错误的画法

但当网络图的起点节点有多条箭线引出(外向箭线)或终点节点有多条箭线引入(内向箭线)时,为使图形简洁,可用母线法绘图。即将多条箭线经一条共用的垂直线段从起点节点引出,或将多条箭线经一条共用的垂直线段引入终点节点,如图 3-22 所示。对于特殊线型的箭线,如粗箭线、双箭线、虚箭线、彩色箭线等,可在从母线上引出的支线上标出。

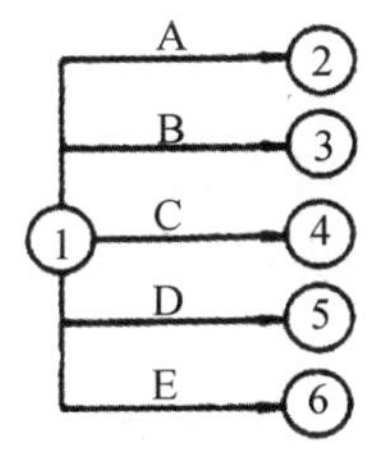

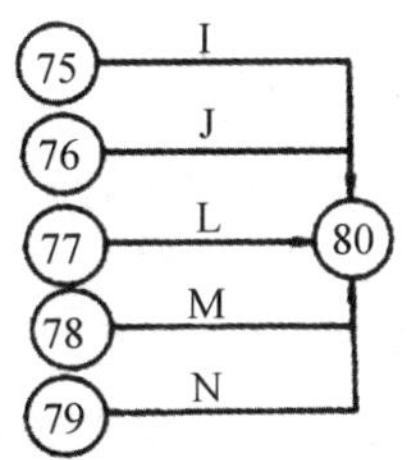

图 3-22　母线法

(7)绘制网络图时,箭线不宜交叉;当交叉不可避免时,可用过桥法或指向法,如图 3-23 所示。

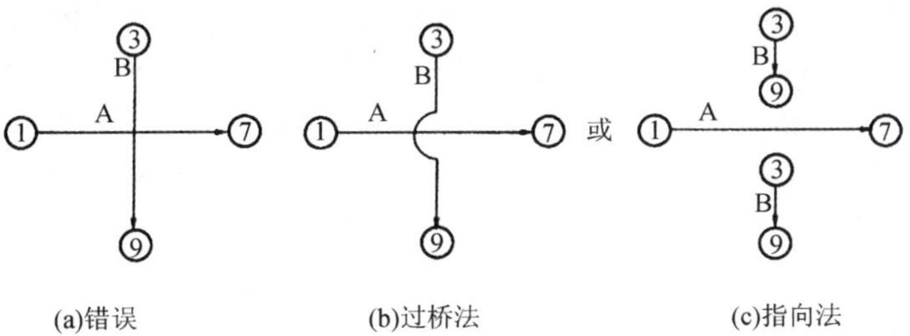

图 3-23　箭线交叉的表示方法

(8)网络图中应只有一个起点节点和一个终点节点(任务中部分工作需要分期完成的网络计划除外)。除网络图的起点节点和终点节点外,不允许出现没有外向箭线的节点和没有内向箭线的节点。如图 3-24 所示的网络图中有两个起点节点①和②,两个终点节点⑦和⑧。该网络图的正确画法如图 3-25 所示,即将节点①和②合并为一个起点节点,将节点⑦和⑧合并为一个终点节点。

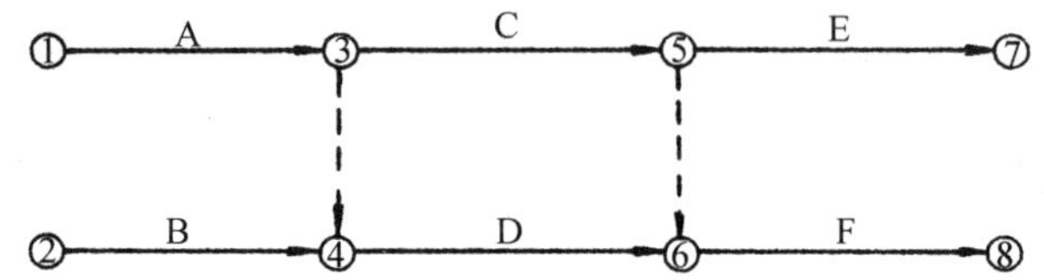

图 3-24　存在多个起点节点和多个终点节点的错误网络图

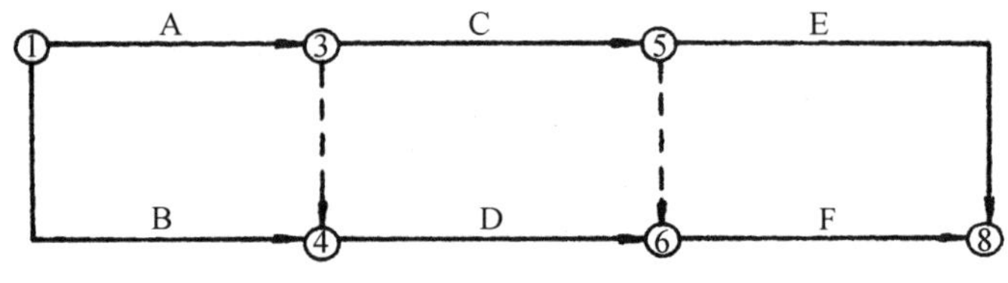

图 3-25　正确的网络图

2)网络图逻辑关系及其正确表示

网络图中所表示的各个工作之间客观上存在或主观上安排的先后顺序关系就是网络图中的逻辑关系。这种顺序关系划分为两类:一类是施工工艺关系,简称工艺逻辑;另一类是施工组织关系,简称组织逻辑。

工艺逻辑关系是由施工工艺或操作规程所决定的各个工作之间客观上存在的先后施工顺序。对于一个具体的分部工程来说,当确定了施工方法以后,该分部工程的各个工作的先后顺序一般是固定的,不能颠倒。

组织逻辑关系是施工组织安排中,考虑劳动力、机具、材料或工期等影响,在各工作之间主观上安排的先后顺序关系。这种关系不受施工工艺的限制,不是工程性质本身决定的,而是在保证施工质量、安全和工期等前提下,人为安排的顺序关系。比如有甲、乙、丙三幢房屋装修,可以将甲作为第一段施工,乙作为第二段,丙作为第三段;也可以将乙作为第一段施工,甲作为第二段,丙作为第三段。

逻辑关系表达是否正确,是网络图能否正确反映工程实际情况的关键,错误的逻辑关系将使各项工作的时间参数、关键线路和工程工期发生错误,就不能正确反映工程客观实际情况。

表 3-2 给出了常见逻辑关系及其相对应的表示方法。

表 3-2　双代号网络图逻辑关系示例表

序号	工作间的逻辑关系	双代号的表示方法
1	有 A、B 两项工作按照依次施工方式进行	
2	有 A、B、C 三项工作同时开始工作	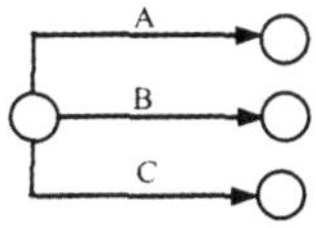
3	有 A、B、C 三项工作同时结束	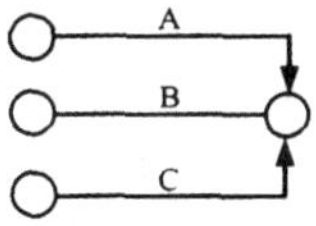
4	有 A、B、C 三项工作。只有 A 完成后，B、C 才能开始	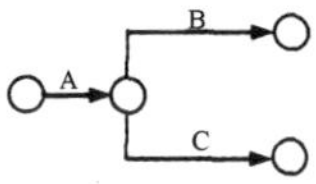
5	有 A、B、C 三项工作。C 工作只有在 A、B 完成后才能开始	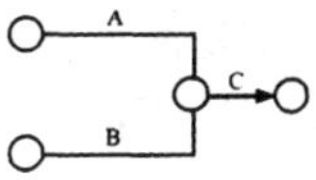
6	有 A、B、C、D 四项工作。只有当 A、B 完成后，C、D 才能开始	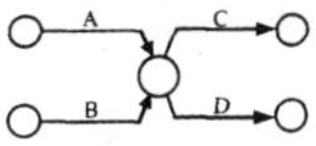
7	有 A、B、C、D 四项工作。A 完成后 C 才能开始，A、B 完成后 D 才能开始	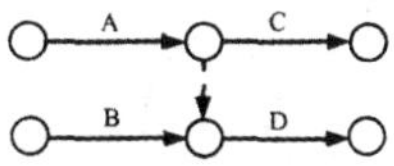
8	有 A、B、C、D、E 五项工作。A、B 完成后 C 才能开始，B、D 完成后 E 才能开始	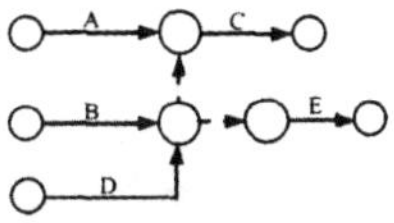
9	有 A、B、C、D、E 五项工作。A、B、C 完成后 D 才能开始，B、C 完成后 E 才能开始	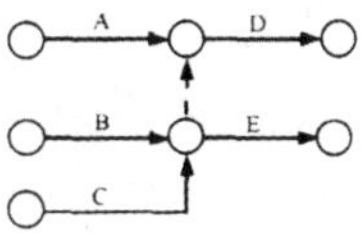
10	A、B 两项工作分三个施工段，平行施工	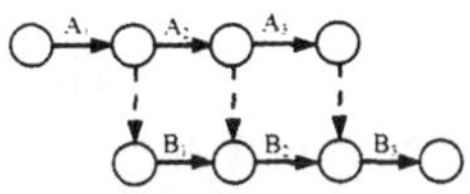

3.2.2 单代号网络计划

3.2.2.1 单代号网络图的组成

单代号网络图是由箭线、节点、节点编号、线路 4 个基本要素组成。

1)箭线

单代号网络图中,箭线表示紧邻工作之间的逻辑关系。工作间的逻辑关系包括工艺关系和组织关系,在网络图中均表现为工作之间的先后顺序。箭线既不消耗时间,也不消耗资源。箭线的形状和方向可根据绘图需要而定,但箭线不可以为曲线,尽可能为水平或水平构成的折线,也可以是斜线。箭线水平投影的方向应自左向右,表示工作的行进方向。箭尾节点表示的工作是箭头节点的紧前工作。

2)节点

一个节点代表一项工作或工序。节点是单代号网络图的主要符号,常用圆圈或方框表示。工序名称、作业持续时间、节点编号以及通过计算得到的各种时间参数可以标注在圆圈或方框内或外的相应位置中,这些内容的标注没有统一要求,原则上标注清晰明确即可,如图 3-26 所示。

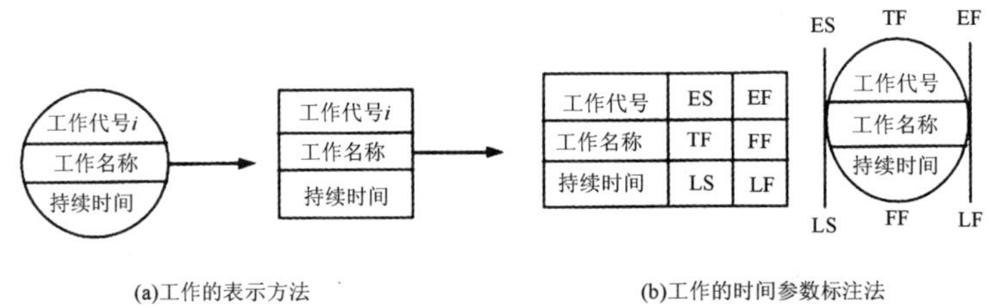

图 3-26 单代号网络图的工作表示和时间参数表示法

3)节点编号

每个节点都必须编号,作为该节点工作的代号。一项工作只能有唯一的一个节点和唯一的一个代号,严禁出现重号。节点编号原则同双代号网络图。

4)线路

单代号网络图的线路与双代号网络图线路的含义是相同的,即从网络计划的起始节点到结束节点之间的若干条通道。各条线路应用该线路上的节点编号自小到大依次描述。

从网络计划的起始节点到结束节点之间持续时间最长的线路为关键线路，其余线路统称为非关键线路。

3.2.2.2　单代号网络图与双代号网络图的比较

（1）单代号网络图以节点表示工序，双代号网络图以箭线表示工序。

（2）单代号网络图逻辑关系表达简单，只使用实箭线指明工序之间的关系即可，有时要用虚拟节点进行构图和简化图面，其用法也很简单。双代号网络图逻辑关系处理相对较复杂，特别是要用好虚工序进行构图和处理好逻辑关系。

（3）双代号网络图可用箭线的长度表达出工序作业时间的长短，用其表示工程进度比用单代号网络图更为形象。但单代号网络图具有便于说明，容易被非专业人员所理解和易于修改的优点。

3.2.2.3　单代号网络图的绘制方法

1）单代号网络图的绘图规则

（1）每个节点必须编号，编号可以间断但不能重复。箭线的箭尾节点编号应小于箭头节点编号。一项工作只能有唯一的一个节点及相应的一个编号。

（2）正确表示工作之间的逻辑关系。工作之间的逻辑关系包括工艺关系和组织关系，在网络图中均表现为工作之间的先后顺序。

（3）不能出现闭合回路，双向箭线和无向箭线。

（4）严禁出现没有箭尾节点的箭线和没有箭头节点的箭线。

（5）可使用母线法。当一项工作与多项工作相联系，或多项工作与一项工作相联系时，可以使用“母线法”，以使图形简洁，如图 3-27 所示。

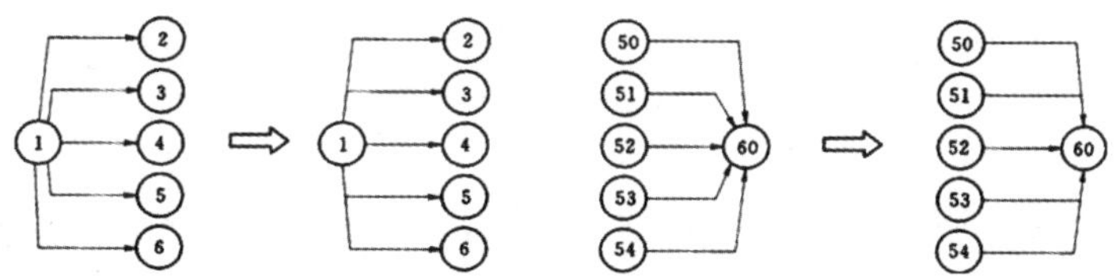

图 3-27　用母线法绘图

（6）可使用多种解决箭线交叉的方法。当箭线交叉不可避免时，可采用过桥法、断线法或指向法处理，如图 3-28 所示。

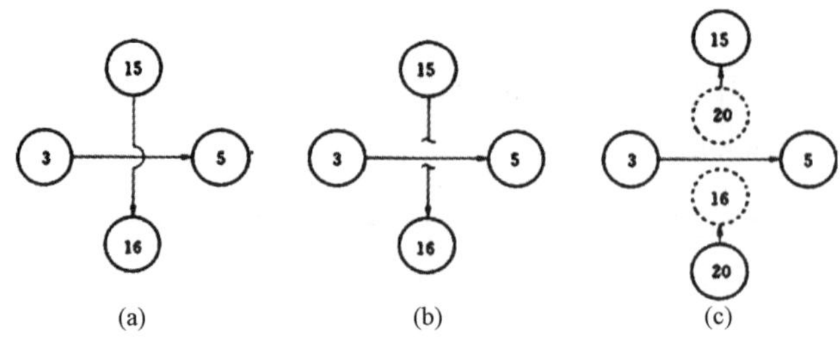

图 3-28 箭线交叉的表示方法图

(7)当网络图中有多项开始工作时,应增设一项虚拟的工作,作为该网络图的起点节点;当网络图中有多项结束工作时,应增设一项虚拟的工作,作为该网络图的终点节点。

2)逻辑关系的正确表示

单代号网络图在绘制过程中,首先要正确表达逻辑关系。

根据工程计划中各工作在工艺、组织上的先后顺序和逻辑关系,用单代号表达方式正确表达出来,见表 3-3。

表 3-3 单代号网络图逻辑关系示例表

序号	工作间的逻辑关系	单代号的表示方法
1	A、B 两项工作,依次进行施工	A B
2	A、B、C 三项工作,同时开始施工	S A B C
3	A、B、C 三项工作,同时结束施工	A B C E
4	A、B、C 三项工作,当 A 工作完成之后,B、C 工作才能开始	A B C

续表

序号	工作间的逻辑关系	单代号的表示方法
5	A、B、C 三项工作，C 工作只能在 A、B 工作完成之后开始	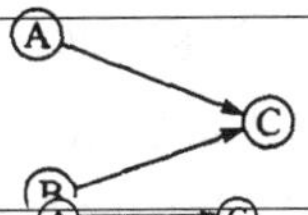
6	A、B、C、D 三项工作，当 A、B 工作完成之后，C、D 工作才能开始	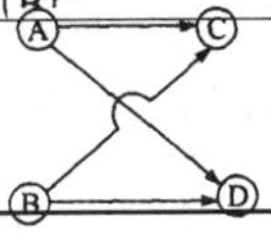

3.3　工程项目进度计划的检查与调整

3.3.1　工程项目进度的检查

工程项目进度的检查主要采用对比的方法，常用的对比方法主要包括以下几种。

3.3.1.1　横道图检查比较法

横道图检查比较法是把在项目施工中通过检查实际进度而收集到的信息，经整理后直接用横道线并列标于原计划的横道线处，进行直观比较的一种方法。由于这种方法具有简明直观、编制方法简单、使用方便等特点，所以较为常用。

图 3-29 为某项基础工程(分三个施工段)的施工进度计划横道图。其中，细线表示计划进度，粗线表示实际进度。

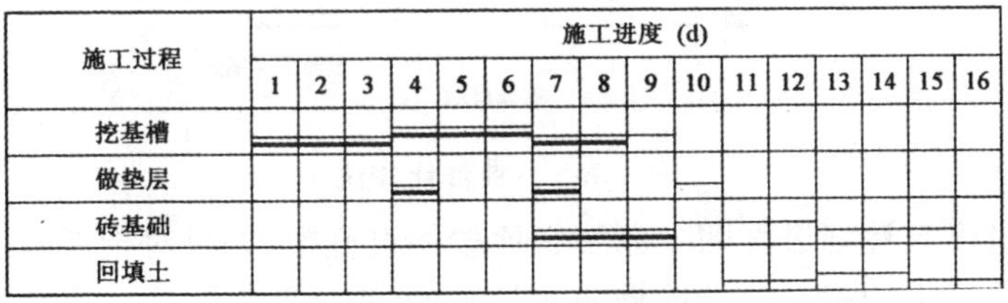

施工过程	施工进度 (d)															
	1	2	3	4	5	6	7	8	9	10	11	12	13	14	15	16
挖基槽																
做垫层																
砖基础																
回填土																

图 3-29　施工进度计划横道图

从图中可以看出，第 10 天末对施工进度进行检查时，基槽挖土施工应在检查的前一天全部完成，但实际进度仅完成了 8 天的工程量，约占计划总工程量的

88.9%，尚未完成而拖后的工程量约占计划总工程量的12.1%；混凝土垫层施工也应全部完成，但实际进度却只完成了2天的工程量，约占计划总工程量的66.7%，尚未完成而拖后的工程量约占计划总工程量的33.3%；砖基础工程按照计划进度要求应完成9天的工程量，但实际进度仅完成了3天的工程量，约占计划完成量的33.3%，尚未完成而拖后的工程量约占计划完成量的66.7%。通过对比，可以了解到实际进度与计划进度的偏差，为调整进度计划提供依据。

3.3.1.2 S曲线比较法

从整个施工全过程来看，其单位时间内完成的工作任务量，通常是中间多而两头少，但是随着时间的进展累计完成的任务量就会形成一条中间陡而两头平缓的S形变化曲线，因此称为S形曲线。S形曲线比较法是指在一个以横坐标表示进度时间、纵坐标表示累计完成任务量的坐标体系上，进行实际进度与计划进度相比较的一种方法，通过对两者进行比较，来判断实际进度与计划进度相比是超前还是滞后。一般情况下，进度控制人员应在计划实施前绘制出计划S形曲线，在项目的实施过程中，按照规定将检查的实际完成任务情况和计划S形曲线绘制在同一张图纸上，即可得出实际进度的S形曲线，如图3-30所示。

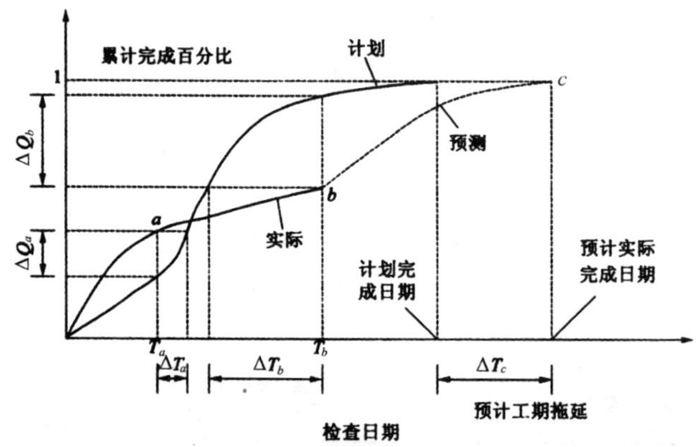

图3-30 S曲线比较法

在实际进度与计划进度两条曲线相比较的过程中，如果对于任意检查日期，所对应的实际曲线上的一点位于计划曲线的左侧，则说明实际进度比计划进度超前。图3-30中，当检查时间为T_a时，a点落在计划曲线的左侧，说明此时刻实际进度比计划进度超前，超前时间为ΔT_a，ΔQ_a表示T_a时刻超前完成的任务量；如果检查时刻的时间落在计划曲线的右侧，则表示实际进度比计划进度拖后，图中，在T_b

时刻，实际进度比计划进度拖后，拖后时间为 ΔT_b，拖后的任务量为 ΔQ_b；如果检查时，刚好落在其上，则说明两者的进度一致。

对工程进度的预测，后期工程按照原计划进行，图 3-30 中，工期拖延预测值为 ΔT_c。

3.3.1.3　香蕉形曲线比较法

香蕉形曲线是由两条 S 形曲线组合而成的闭合曲线。一般情况下，任何一个施工项目的网络计划，均可绘制出两条具有同一开始时间和同一结束时间的 S 形曲线。其中，一条 S 形曲线是按各项工作的最早开始时间安排进度所绘制的，简称 ES 曲线；另一条则是以各项工作的计划最迟开始时间安排进度所绘制的 S 形曲线，简称 LS 曲线。由于两条 S 形曲线都是从计划的开始时刻开始，到计划的完成时刻结束的，所以两条曲线均是封闭的。另外，ES 曲线上的各点均落在 LS 曲线相应时间对应点的左侧，从而使两条曲线形成了一个香蕉形状，因此称为香蕉形曲线，如图 3-31 所示。可以利用香蕉形曲线比较法对工程实际进度与计划进度进行比较，只要实际完成量曲线在两条曲线之间，则不影响总的进度。

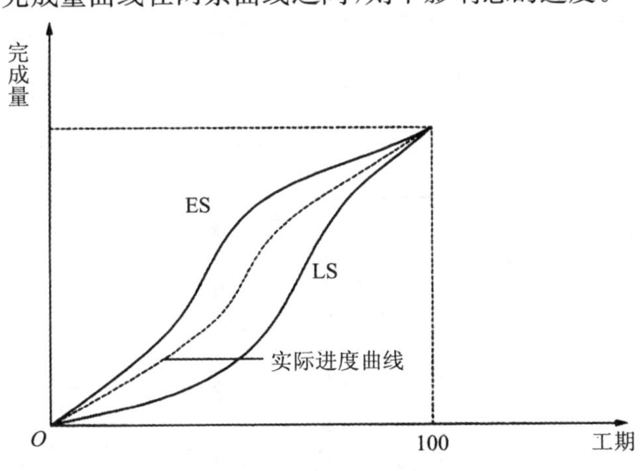

图 3-31　香蕉形曲线比较法

3.3.1.4　前锋线比较法

当工程项目施工计划采用时标网络图表示时，将检查日的各项工作用点划线依次连接所得到的折线就是实际进度前锋线。前锋线比较法是指按前锋线与网络图箭线交点的位置来判定施工实际进度与计划进度的偏差。折线的左侧为已完部分，右侧为尚需的工作时间。凡是前锋线与箭线的交点在检查日期右方的，就表示提前完成计划进度；如果其点在检查日期的左方，则表示进度拖后；如果其点与检查日期重合，就表明该工作的实际进度与计划进度一致。

已知网络计划如图 3-32 所示，在第 6 天检查时，发现 A、B、C 工作已完成，E 工作已进行 2 天，G 工作已进行 1 天，D、F、H、I 工作尚未开始。

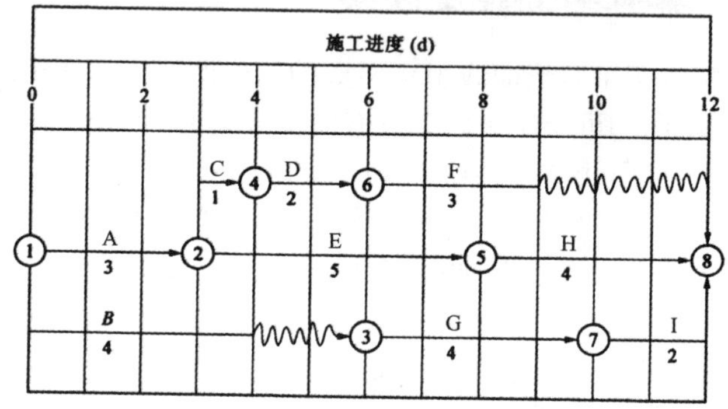

图 3-32 时标网络计划图

(1)绘制实际进度前锋线。在原时标网络计划上，从检查时刻的时标点出发，用点划线依次将各项工作实际进展位置点连接起来而形成一条折线，如图 3-33 所示。

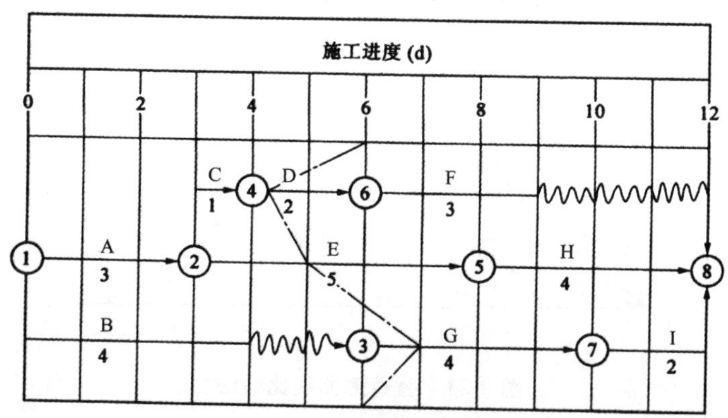

图 3-33 实际进度前锋线

(2)分析网络计划的检查结果。从图 3-33 中可以看出，D 工作和 E 工作均未完成计划，D 工作延误 2 天，这两天位于非关键路线上，因为有 3 个总时差所以对工期不影响；E 工作延误 1 天，这一天位于关键路线上，因此将使项目工期延长 1

天;G 工作提前 1 天完成,该工作位于非关键路线上,故对工期无影响。

(3)重新绘制 6 天后直到完工的时标网络图,如图 3-34 所示。

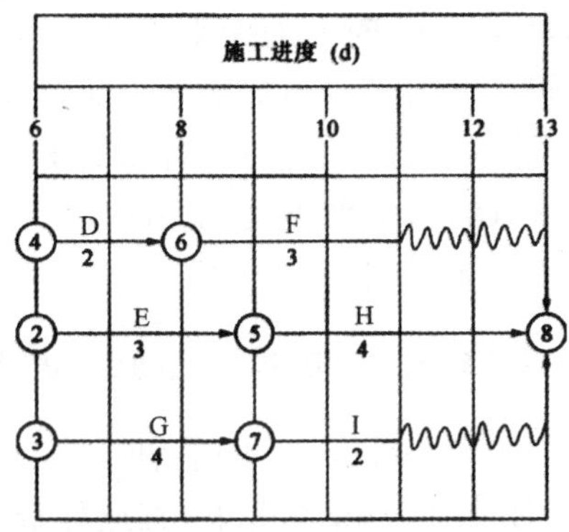

图 3-34　重绘的时标网络图

(4)如果要使工期保证不变,在 6 天检查后,可以组织压缩 H 工作 1 天,因为 H 工作位于关键线路上,并且持续时间相对来说较长。

3.3.2　工程项目进度计划的调整

在执行进度计划的过程中,如果实际进度与计划进度不符,则要根据偏差的大小来分析原因。如果偏差较小时,可在分析原因的基础上,采取有效措施,继续执行原计划;如果偏差较大,则原计划很难实现,此时应考虑调整计划,形成新的进度计划。

前面所讲的横道图检查比较法、S 曲线比较法、香蕉形曲线比较法及前锋线比较法,都能够方便地对比工程进度,提供进度提前或拖后的信息。但采用网络图法进行对比,则更能准确地进行分析,一般常采用网络图进行检查和调整进度计划。

3.3.2.1　分析进度偏差对后续工作及总工期的影响

一般情况下,应从分析进度偏差对后续工作及总工期的影响入手来进行检查:

(1)分析出现进度偏差的工作是否为关键工作。如果出现偏差的工作为关键工作,则会影响后续工作按计划施工,还会使工程总工期拖后,此时必须采取相应措施对后期施工计划进行调整,以确保计划工期;如果出现偏差的工作为非关键工作,则需要进一步根据偏差值与总时差和自由时差进行比较分析,并以此确定对后续工作和总工期的影响程度。

(2)分析进度偏差时间是否大于总时差。如果某项工作的进度偏差时间大于该工作的总时差，则将影响后续工作和总工期，此时必须采取措施加以调整；如果进度偏差时间小于或等于该工作的总时差，则不会影响工程总工期，但是否会影响后续工作，还需分析此偏差与自由，时差的大小关系才能确定。

(3)分析进度偏差时间是否大于自由时差。如果某项工作的进度偏差时间大于该工作的自由时差，则说明此偏差必然会对后续工作产生影响，此时应根据后续工作的允许影响程度来进行调整；如果进度偏差时间小于或等于该工作的自由时差，则对后续工作不产生任何无影响，不必调整。

3.3.2.2 工程项目施工进度计划的调整方法

(1)关键线路的调整。如果关键线路的实际进度落后于计划进度，则应在未完成的关键线路中挽回失去的时间，一般情况下，宜选择资源强度小的线路缩短，重新计算参数，并按照新参数执行。如果关键线路的实际进度提前于原计划，根据实际情况则可采用两种调整方法：一种是原工期不变，选择后续关键工作中，资源占用量大或直接费用高的线路加以延长，其延长时间不能超过提前的时间；另一种是缩短整个计划工期，将未完成的那一部分重新计划，重新计算和调整。

(2)对某些工作之间的逻辑关系进行调整。如果检查的实际施工进度产生的偏差影响了总工期，则在工作之间的逻辑关系允许改变的条件下，可改变关键线路和超过计划工期的非关键线路上的有关工作之间的逻辑关系，从而达到缩短工期的目的。例如，可将依次进行的有关工作改为平行的或相互搭接的，以及分成几个施工段来进行流水施工等，均可达到缩短工期的目的。

(3)缩短某些工作的持续时间。在不改变工作之间逻辑关系的情况下，缩短某些工作的持续时间，可使施工进度加快，并能够保证实现计划工期。

第4章 工程项目采购与合同管理技术

随着建设市场的发育日益成熟和建设法规的日臻完善，作为当代的建设行业的技术管理人员，如果没有项目采购、招标投标和合同管理方面的知识和技能，就无法面对高风险的建设市场。本章主要研究工程项目采购与合同管理技术，具体剖析了工程项目采购管理、工程项目招标与投标、工程项目合同管理等内容。

4.1 工程项目采购管理

4.1.1 项目采购与项目采购

4.1.1.1 项目采购

1)项目采购的含义

项目采购的含义不同于一般概念上的商品购买，它包含着以不同的方式通过努力从系统外部获得货物、土建工程和服务的整个采办过程。

2)项目采购的类型

(1)按采购方式分类。项目采购按采购方式分为招标采购、非招标采购。招标采购主要包括国际竞争性招标、有限国际招标和国内竞争性招标。非招标采购主要包括国际、国内询价采购(或称“货比三家”)、直接采购、自营工程等。

(2)按采购内容分类。项目采购按采购内容分为工程采购、货物采购、服务采购三类。

3)项目采购的原则

(1)透明度。这条原则强调在采购过程中透明的重要性。

(2)均等的竞争机会。例如,世界银行作为一个国际合作性机构,愿意给予所有来自发达国家和发展中国家的合格投标人一个竞争的机会,以提供银行贷款项目所需的货物和土建工程及咨询服务。

(3)经济性和效率性。项目采购的实施包括所需货物和土建工程的采购,需要讲求经济性和效率性。

(4)促进借款国承包业和制造业的发展。例如,世界银行作为一个国际开发机构,愿意促进借款国的承包业和制造业的发展。

4.1.1.2 项目采购管理

1)项目采购管理的概念

项目采购管理是对项目的勘察、设计、施工、资源供应、咨询服务等采购工作进行的计划、组织、指挥、协调和控制等活动。项目采购管理也可定义为“为达到项目目标而从执行组织外部获取货物和/或服务所需的过程”。

PMBOK(项目管理知识体系)给出的项目采购管理的主要过程包括:①采购计划编制。决定何时采购何物。②询价计划编制。形成产品需求文档,并确定可能的供方。③询价。获得报价单、招标、出价,或在适当的时候取得建议书。④供方选择。从可能的卖主中进行选择。⑤合同管理。管理与卖方的关系。⑥合同收尾。合同的完成和解决,包括任何未解决事项的决议。

2)项目采购管理当事人的职能

(1)制定采购管理制度。采购管理制度是指为了规范采购行为,由采购部门根据企业自身状况,综合考虑采购活动中可能用到的各种资源要素,为了方便处理采购活动中可能遇到的各种问题而制定的书面的规章制度。

(2)编制采购文件。企业采购部门应根据企业发展计划、项目实施需要编制完备的采购文件。采购文件包括以下内容:①所需采购产品的类别、规格、等级、数量等;②有部件编号的图纸、检验规程的名称、版本等;③技术协议和检验原则以及质量要求;④代码、标准及标志;⑤采购的技术标准、专业标准;⑥是否有毒、有害产品;⑦有无特殊采购要求。

(3)确定采购管理工作程序。采购部门应制定详细的采购管理工作程序,规范采购管理活动。其工作程序包括:①明确采购产品或服务的基本要求、采购分工及有关责任。②进行采购策划,编制采购计划。③进行市场调查,选择合格的产品供应或服务单位，建立名录；项目采购人应加强对合格供应商的选择与管理，按照采购产品的要求，组织对产品供应商的评价、选择和管理。④采用招标或协调等方式确定供应或服务单位。⑤签订采购合同。⑥运输、验证、移交采购产品或服务。采购的产品必须按规定进行验证，禁止不合格产品使用到工程项目中。⑦处置不合格产品或不符合的服务。⑧采购资料归档。应加强项目采购管理资料和产品质量见证资料的管理。

4.1.2　工程项目采购计划

4.1.2.1　项目采购计划的内涵

项目采购计划是建筑企业单位年度计划与目标的一部分。它确定了如何从项目组织的外部获取资源，才能最好地满足项目的需要，这是整个采购过程中的第一步。项目采购计划包括项目的采购方式、采购预测成本、时间的安排、各种采购的相互衔接、采购如何与项目的其他方面（如进度计划和业绩报告）相协调等内容。

项目采购计划需要考虑的主要事项包括：①采购什么，即采购的对象及其品质，由资源需求计划和各种资源需求的描述决定。②采购多少，即确定采购的数量，可以通过经济订货量分析来确定合适的采购数量。③怎样采购，即采购过程中采用的工作方式，是自制还是外购，用招标采购还是非招标采购，选择何种合同类型等。④何时采购，即确定采购的时点和时期。⑤何处采购，即选择适当的供应商作为项目的供应来源，这时要满足两个条件：一是经济性，即在供应来源中选择成本最小的；二是可获得性，供应商必须能够及时提供项目所需的物料、工程或服务。⑥以何种价格采购，即以适当的价格获得所需的资源，项目团队要在资源质量和交货期限的限制条件下，寻找最低的合同价格。

4.1.2.2　项目采购计划的编制要求

项目采购计划的编制，要与企业的经营方针、经营目标、发展计划、利益计划等相符合。

一般建筑企业制订采购计划主要是为了指导采购部门的实际采购工作，保证施工活动的正常进行和企业的经营效益。因此，一项合理、完善的采购计划应满足以下要求：①配合企业生产计划与资金调度；②避免材料储存过多，积压资金，以及占用存放的空间；③使采购部门事先准备，选择有利时机购入材料；④预计材料需用时间与数量，防止供应中断而影响产销活动；⑤确立材料耗用标准，以便控制材料采购数量及成本。

4.1.2.3 项目采购计划的编制依据

项目采购计划的编制依据主要有项目范围说明书或项目合同、产品说明、资源需求计划、市场状况等。

1)项目范围说明书或项目合同

范围说明书(或项目合同)说明了项目目前的界限,提供了在采购计划过程中必须考虑的项目要求和策略的重要资料。随着项目的进展,范围说明书可能需要修改或细化,以反映这些界限的所有变化。

2)产品说明

项目产品说明(项目的最终成果)提供了在采购规划过程中需要考虑的所有技术问题的注意事项的重要材料。

3)资源需求计划

项目实施组织若没有正式的订货单位,则项目管理团队将不得不自己提供资源和专业知识支持项目的各种采购活动。

4)市场状况

采购计划过程必须考虑市场上有何种产品可以买到,从何处购买,以及采购的条款和条件是怎样的。

5)其他计划结果

只要有其他计划结果供使用,如项目管理实施规划(含进度计划)、工程材料需求或备料计划等,就必须在采购计划过程中加以考虑。

6)项目的制约因素和假设条件

项目采购计划还要考虑一些项目的制约因素,如项目的资金是否充足;同时还要假设一些条件,如假设项目所需采购资源的价格是稳定的。

7)物料清单

物料清单是指产品的具体明细表,是采购部门确定采购计划的最重要的依据,是生产部门安排生产的依据,是计划部门确定物料需求计划的依据。

4.1.2.4 项目采购计划的编制技术

项目实施组织对需要采购的产品拥有一定的选择权,通常运用选择自制和外购决策分析、专家判断法和经济订货量分析等技术来进行选择。

1)自制/外购分析

自制/外购分析是一种一般性的管理技术手段,作为初期确定工作范围作业过程的一个组成部分,用来判断执行组织是否能经济地生产出某项具体产品。这一分析应包括对直接成本和间接成本两方面的分析,并考虑组织长远需求和项目当前需求,如果能够满足组织的长远需求,外购成本分摊到当前项目上的比例就会小一些。

2)专家判断

经常需要专家的技术判断来评估这个过程的输入。专家的意见可以来自任何具有某项专业知识或经过某项专业培训的团体或个人。意见可以源于很多渠道,包括执行组织单位内的其他单位、咨询工程师、专业和技术协会、行业集团等。

3)经济订货量分析

采购数量一般通过经济订货量分析来确定。经济订货量分析是指通过建立经济订货量模型,对采购产品进行分析,确定采购的批量和采购的时间,使订购成本和库存成本之和最小的一种分析方法。订购成本、库存成本与订货量的关系,如图 4-1 所示。

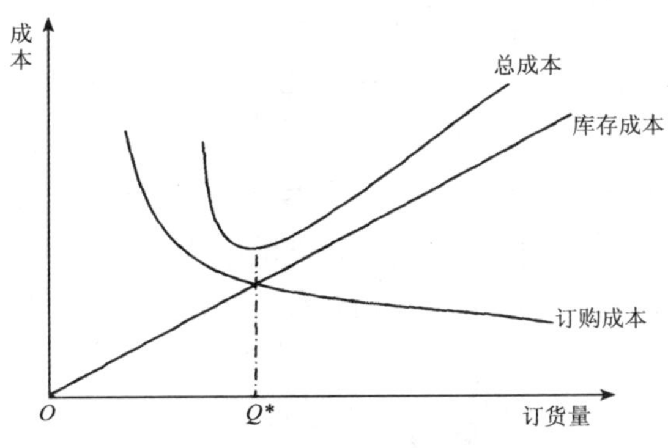

图 4-1　成本与订货量关系图

经济订货量的基本模型存在以下假设条件:①项目组织能及时补充物料;②能集中到货,而不是陆续入库;③不允许缺货;④物料单价不变,不考虑现金折旧;⑤项目组织现金充足,不会因现金短缺而影响采购;⑥采购数量稳定,并且能预测;⑦市场供应充足。

假设每次订货费用为 K,采购数量为 D,年单位储存成本为 A,经济订货量为 Q^* ,则

$$订购成本和库存成本之和 = \frac{AQ^*}{2} + \frac{DK}{Q^*} \tag{4.1}$$

若使订购成本和库存成本之和最小，则

$$Q^* = \sqrt{\frac{2KD}{A}} \tag{4.2}$$

式(4.2)是经济订货量的基本模型，由其还可以推导出每年最佳订货次数、最佳订货周期、订货总成本等。

每年最佳订货公式为

$$N^* = \frac{D}{Q^*} = \frac{D}{\sqrt{\frac{2KD}{A}}} = \sqrt{\frac{DA}{2K}} \tag{4.3}$$

最佳订货周期公式为

$$t^* = \frac{1}{N^*} = \frac{1}{\sqrt{\frac{DA}{2K}}} = \sqrt{\frac{2K}{DA}} \tag{4.4}$$

订货总成本公式为

$$TC = \frac{A\sqrt{\frac{2KD}{A}}}{2} + \frac{DK}{\sqrt{\frac{2KD}{A}}} = \sqrt{2KDA} \tag{4.5}$$

经济订货量的基本模型是在前述假设条件下建立的，但现实生活中能够满足这些假设条件的情况很少，事实上，物料可能陆续入库，尤其是产成品入库，总是陆续供应和陆续耗用的。在这种情况下，就要对基本模型进行修改。假设每日送货量为 q，物料每日耗用量为 d，故送货期内的全部耗用量为 dQ^*/p ，则

$$Q^* = \sqrt{\frac{2KDp}{A(p-d)}} \tag{4.6}$$

【例 4-1】某项目要采购某种物料 6400 件，该物料年单位储存成本为 2 元，每次订货费用为 16 元。请计算并回答下列问题：

(1)如何确定该种物料的经济订货量？

(2)该种物料的最佳订货周期是多少天？

(3)如果该种物料是陆续供应和耗用的，假设其每日送货量为 30 件，每日耗用量为 10 件，则如何确定该种物料的经济订货量？

解：

(1) $Q^{*}=\sqrt{\dfrac{2KD}{A}}=\sqrt{\dfrac{2\times 16\times 6400}{2}}=320$(件)

(2) $N^{*}=\sqrt{\dfrac{DA}{2K}}=\sqrt{\dfrac{6400\times 2}{2\times 16}}=20$(件),$t^{*}=\dfrac{360}{20}=18$(天)

(3) $Q^{*}=\sqrt{\dfrac{2KDp}{A(p-d)}}=\sqrt{\dfrac{2\times 16\times 6400\times 30}{2\times(30-10)}}=392$(件)

经过上述计算可以得出:

(1)该种物料的经济订货量为 320 件;

(2)该种物料的最佳订货周期为 18 天;

(3)如果该种物料是陆续供应和耗用的,该种物料的经济订货量为 392 件。

4.1.2.5　项目采购计划结果

1)采购管理计划

采购管理计划中需说明如何对具体的采购过程进行管理,它包括:①使用合同的类型;②是否需要有独立的估算作为评估标准,由谁负责,何时编制这些估算;③项目实施组织是否设计了采购部门,项目管理组织在采购过程中自己能采取何种行动;④是否需要使用标准的采购文件,从哪里可以找到这些标准文件。根据项目的具体要求,采购管理计划可以是正式的,也可以是非正式的;可以非常详细,也可以很粗略。此计划是项目整体计划的补充部分。

2)合同工作说明书

合同工作说明书详细地说明了采购项目,以便潜在的承包商确定他们是否能够提供该采购项目的货物或服务。合同工作说明书的详细程度可以视采购项目的性质、买主的要求或者预计的合同形式而定。

合同工作说明书在采购过程中可能被修改和细化。例如,潜在的承包商可能建议使用效率更高的方法或成本更低的产品。每一个单独的采购项目都要求有单独的合同工作说明书。但是,多种产品或服务可以组成一个采购项目,使用一个合同工作说明书。

合同工作说明书应尽可能清晰、完整、简洁。其中包括对所述要求的附属服务的说明,在某些应用领域,对于合同工作说明书的内容和格式已有具体的规定。

3)自制或外购决策文件

自制或外购决策文件说明了产品、服务或成果是由项目团队自制还是外购,它还包括是否购买保险或履约保函。自制或外购决策文件可以只需简要说明决策的原因和依据。

4.2 工程项目招标与投标

4.2.1 工程项目招标

4.2.1.1 招标的含义与方式

1)招标的含义

招标是指招标人事前公布工程、货物或服务等发包业务的相关条件和要求,通过发布广告或发出邀请函等形式,召集自愿参加竞争者投标,并根据事前规定的评选办法选定承包商的市场交易活动。在建筑工程施工招标中,招标人要根据投标人的投标报价、施工方案、技术措施、人员素质、工程经验、财务状况及企业信誉等方面进行综合评价,择优选择承包商,并与之签订合同。

2)招标的方式

(1)公开招标。公开招标又称为无限竞争招标,是由招标单位通过报刊、广播、电视等方式发布招标广告,有意的承包商均可参加资格审查,合格的承包商可购买招标文件,参加投标的招标方式。这种招标方式的优点是:投标的承包商多、范围广、竞争激烈,业主有较大的选择余地,有利于降低工程造价,提高工程质量和缩短工期;其缺点是:由于投标的承包商多,招标工作量大,组织工作复杂,故需投入较多的人力、物力,招标过程所需时间较长。因此此类招标方式主要适用于投资额度大,工艺、结构复杂的较大型工程建设项目。

(2)邀请招标。邀请招标又称为有限竞争性招标。这种方式不发布广告,业主根据自己的经验和所掌握的各种信息资料,向有承担该项工程施工能力的 3 个以上(含 3 个)承包商发出招标邀请书,收到邀请书的单位才有资格参加投标。这种方式的优点是:目标集中,招标的组织工作较容易,工作量比较小;其缺点是:由于参加的投标单位较少,竞争性较差,使招标单位对投标单位的选择余地较少,如果招标单位在选择邀请单位前所掌握信息资料不足,则会失去发现最适合承担该项目的承包商的机会。公开招标和邀请招标都必须按规定的招标程序进行,要制订统一的招标文件。投标都必须按招标文件的规定进行投标。

(3)议标。对于涉及国家安全的工程或军事保密的工程,或紧急抢险救灾工程,通过直接邀请某些承包商进行协商选择承包商,这种招标方式称为议标。在我国颁布的招投标法中,已取消了议标的招标方式。

4.2.1.2　工程项目施工招标条件与程序

1)工程项目施工招标条件

《工程建设施工招标投标管理办法》对建设单位及建设项目的招标条件作了明确的规定。

建设单位招标应具备的条件:①招标单位是法人或依法成立的其他组织;②有与招标工程相适应的经济、技术、管理人员;③有组织编制招标文件的能力;④有审查投标单位资质的能力;⑤有组织开标、评标、定标的能力。

不具备上述②～⑤项条件的,必须委托具有相应资质的咨询、监理单位代理招标。上述五条中,①②两条是对单位资格的规定,后 3 条则是对招标人能力的要求。

建设项目招标应当具备的条件:①概算已经批准;②建设项目已经正式列入国家、部门或地方的年度固定资产投资计划;③建设用地的征用工作已经完成;④有足够满足施工需要的施工图纸及技术资料;⑤建设资金和主要建筑材料,设备的来源已经落实;⑥已经建设项目所在地规划部门批准,施工现场“三通一平”已经完成或一并列入施工招标范围。

2)工程项目施工招标程序

所谓招标程序,是指招标活动的内容的逻辑关系。不同的招标方式,具有不同的活动内容。

(1)建设工程项目施工公开招标程序。公开招标的程序分为六大步骤,即建设工程项目报建,编制招标文件,投标者的资格预审,发放招标文件,开标、评标与定标,签订合同,如图 4-2 所示。

①建设工程项目报建。《工程建设项目报建管理办法》规定凡在我国境内投资兴建的工程建设项目,都必须实行报建制度,接受当地建设行政主管部门的监督管理。

建设工程项目报建是建设单位招标活动的前提,报建范围包括:各类房屋建筑(包括新建、改建、扩建、翻修等)、土木工程(包括道路、桥梁、房屋基础打桩等)、设备安装、管道线路铺设和装修等建设工程。报建的内容主要包括:工程名称、建设地点、投资规模、资金投资额、工程规模、发包方式、计划开竣工日期和工程筹建情况等。

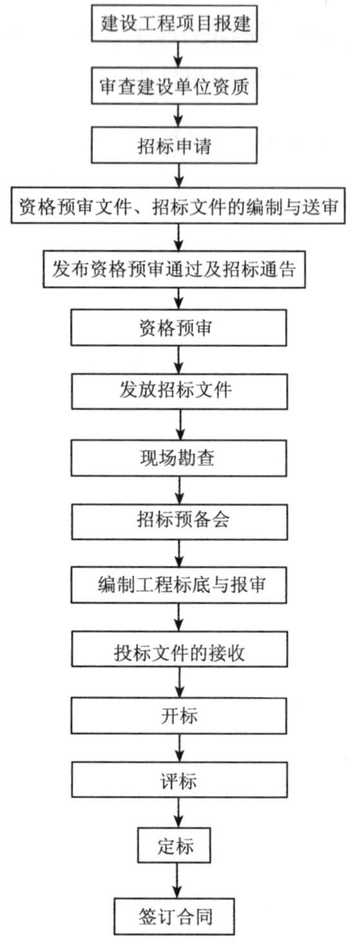

图 4-2　建设工程项目施工公开招标程序图

在建设工程项目的立项批准文件或投资计划下达后，建设单位根据《工程建设项目报建管理办法》规定的要求进行报建，并由建设行政主管部门审批。具备招标条件的可开始办理建设单位资质审查。

②审查建设单位资质。即审查建设单位是否具备招标条件，不具备有关条件的建设单位，须委托具有相应资质中介机构代理招标，建设单位与中介机构签订委托代理招标的协议，并报招标管理机构备案。

③招标申请。招标单位填写"建设工程招标申请表"，并经上级主管部门批准

后，连同“工程建设项目报建审查登记表”报招标管理机构审批。

④资格预审文件、招标文件的编制与送审。公开招标时，要求进行资格预审的只有通过资格预审的施工单位才可以参加投标。资格预审文件和招标文件需招标管理机构审查，审查同意后可刊登资格预审通告。

⑤发布资格预审通告及招标通告。公开招标可通过报刊、广播、电视等或信息网上发布“资格预审通告”或“招标通告”。

⑥资格预审。对申请资格预审的投标人送交填报的资格预审文件和资料进行评比分析，确定出合格的投标人的名单，并报招标管理机构核准。

⑦发放招标文件。将招标文件、图纸和有关技术资料发放给通过资格预审获得投标资格的投标单位，投标单位收到招标文件、图纸和有关资料后，应认真核对，核对无误后，应以书面形式予以确认。

⑧现场勘查。招标单位组织投标单位进行勘查现场的目的在于了解工程场地和周围环境情况，以获取投标单位认为有必要的信息。

⑨招标预备会。招标预备会的目的在于澄清招标文件中的疑问、解答投标单位对招标文件和勘查现场中所提出的疑问和问题。

⑩编制工程标底与报审。当招标文件的商务条款一经确定，即可进入标底编制阶段。标底编制完后，应将必要的资料报送招标管理机构审定。

⑪投标文件的接收。投标单位根据招标文件的要求，编制投标文件，并进行密封和标志，在投标截止时间前按规定的地点递交至招标单位。招标单位接收投标文件并将其秘密封存。

⑫开标。在投标截止日期后。按规定时间、地点，在投标单位法定代表人或授权代理人在场的情况下举行开标会议，按规定的议程进行开标。

⑬评标。由招标代理、建设单位上级主管部门协商，按有关规定成立评标委员会。在招标管理机构监督下，依据评标原则、评标方法，对投标单位报价、工期、质量、主要材料用量、施工方案或施工组织设计、以往业绩、社会信誉、优惠条件等方面进行综合评价，公正合理择优选择中标单位。

⑭定标。中标单位选定后由招标管理机构核准，获准由招标单位发出“中标通知书”。

⑮签订合同。建设单位与中标的单位在规定的期限内签订工程承包合同。

(2)建设工程项目施工邀请招标程序。邀请招标程序是直接向适于本工程施工的单位发出邀请，其程序与公开招标大同小异。其不同点主要是没有资格预审的环节，但增加了发出投标邀请书的环节。建设工程项目施工邀请招标程序如图

4-3 所示。这里的发出投标邀请书，是指招标单位可直接向有能力承担本工程的施工单位发出投标邀请书。

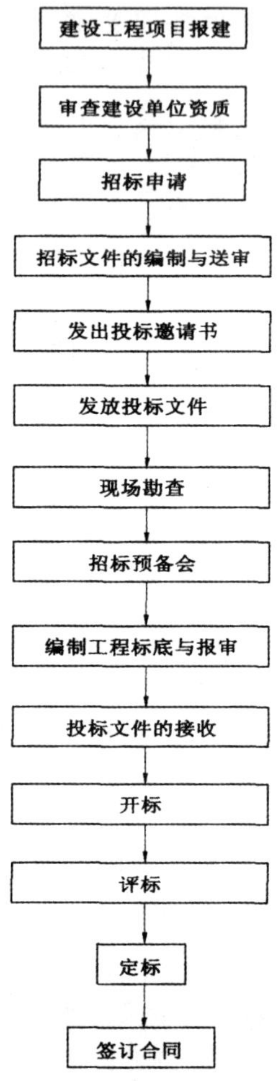

图 4-3　建设工程项目施工邀请招标程序图

(3)建设工程项目施工议标程序。议标应按下列程序进行：

①项目报建，同公开招标。

②审查招标人资质，同公开招标。

③招标申请。招标人向招标投标管理机构提出议标申请。申请中应当说明发包工程任务的内容、申请议标的理由、对议标投标人的要求及拟邀请的议标投标人等，并应当同时提交能证明其要求议标的工程符合规定的有关证明文件和材料。

招标投标管理机构在调查核实招标人的议标申请、证明文件和材料、议标投标人的条件后，对照有关规定，确定其是否符合议标条件。符合条件的，予以批准。

④议标文件的编制与审查。议标申请批准后，招标人编写议标文件或者拟议合同草案，并报招标投标管理机构审查。

议标也应编制标底，作为议标文件或者拟议合同草案的组成部分，并经招标投标管理机构审定。

⑤发议标邀请书及招标文件。

⑥投标文件的编制与递交，同公开招标。

⑦协商谈判。招标人与议标投标人在招标投标管理机构的监督下，就议标文件的要求或者拟议合同草案进行协商谈判。议标工程的中标价格原则上不得高于审定后的标底价格。招标人不得以垫资、垫材料作为议标的条件，也不允许以一个议标投标人的条件要求或者限制另一个议标投标人。

⑧授标。议标双方达成一致后，经招标投标管理机构审查，确认其程序和结果合法后，签发“中标通知书”。未经招标投标管理机构审批，擅自进行议标或者议标双方在议标过程中弄虚作假的，议标结果无效。

4.2.1.3　工程项目施工招标文件的编制

1)投标须知

投标须知是招标文件中很重要的一部分内容，投标者在投标时必须仔细阅读和理解，按须知中的要求进行投标，其内容包括：总则、招标文件、投标报价说明、投标文件的编制、投标文件的递交、开标、评标、授予合同等八项内容。一般在投标须知前有一张“前附表”。

“前附表”是将投标者须知中重要条款规定的内容用一个表格的形式列出来，以使投标者在整个投标过程中必须严格遵守和深入的考虑。

(1)总则。

在总则中要说明工程概况和资金的来源，资质与合格条件的要求及投标费用等问题。

(2)招标文件。

①招标文件的组成。除了投标须知写明的招标文件的内容外，还应包括对招标文件的解释和对招标文件的修改。

②招标文件的解释。投标单位在得到招标文件后，若有问题需澄清，应以书面形式向招标单位提出，招标单位应以通信形式或招标预备会的形式予以解答，但不

说明其问题的来源，答复将以书面形式送交所有的投标者。

③招标文件的修改。在投标截止日期前，招标单位可以补充通知形式修改招标文件。为使投标单位有时间考虑招标文件的修改，招标单位有权延长递交投标文件的截止日期。对投标文件的修改和延长投标截止日期应报招标管理部门批准。

(3)投标报价说明。

投标报价说明应指出投标报价、投标报价采用的方式和投标货币三个方面的要求：

①投标报价。第一，工程量清单中所报的单价和合价，以及报价表中的价格应包括人工、施工机器、材料、安装、维护、管理、保险、利润、税金、政策性文件规定、合同包含的所有风险和责任等各项费用。第二，招标文件中的工程量清单中的每一项的单价和合价都应填写，未填写的将不能得到支付，并认为此项费用已包含在工程量清单的其他单价和合价中。

②投标报价采用的方式。投标报价采用价格固定(投标单位所填写的单价和合价在合同的实施期间不因市场变化因素而变化)和价格调整两种方式，计算报价时可考虑一定的风险系数。

③投标货币。应写明投标所采用的货币种类。

(4)投标文件的编制。

投标文件的编制主要说明投标文件的语言、投标文件的组成、投标有效期、投标保证金、投标预备会、投标文件的份数和签署等内容。

①投标文件的语言。投标文件及投标单位与招标单位之间的来往通知，函件应采用中文。在少数民族聚居的地区，也可使用该少数民族的语言文字。

②投标文件的组成。投标文件一般由下列内容组成：投标书、投标书附录、投标保证金、法定代表人的资格证明书、授权委托书、具有价格的工程量清单与报价表、辅助资料表、资格审查表(有资格预审的可不采用)、按本须知规定提出的其他资料。

对投标文件中的以上内容通常都在招标文件中提供统一的格式，投标单位按招标文件的统一规定和要求进行填报。

③投标有效期。第一，投标有效期一般是指从投标截止日起算至公布中标的一段时间。一般在投标须知的前附表中规定投标有效期的时间。例如 28 天，那么投标文件在投标截止日期后的 28 天内有效。第二，在原定投标有效期满之前，如因特殊情况，经招标管理机构同意后，招标单位可以向投标单位书面提出延长投标

有效期的要求。此时,投标单位须以书面的形式予以答复,对于不同意延长投标有效期的,招标单位不能因此而没收其投标保证金。对于同意延长投标有效期的,不得要求在此期间修改其投标文件,而且应相应延长其投标保证金的有效期,对投标保证金的各种有关规定在延长期内同样有效。

④投标保证金。第一,投标保证金是投标文件的一个组成部分,对未能按要求提供投标保证金的投标,招标单位将视为不响应投标而予以拒绝;第二,投标保证金可以是现金、支票、汇票和在中国注册的银行出具的银行保函,对于银行保函,应按招标文件规定的格式填写,其有效期应不超过招标文件规定的投标有效期;第三,未中标的投标单位的投标保证金,招标单位应尽快将其退还,一般最迟不得超过投标有效期期满后的 14 天;第四,中标的投标单位的投标保证金,在按要求提交履约保证金并签署合同协议后,予以退还;第五,对于在投标有效期内撤回其投标文件或在中标后未能按规定提交履约保证金或签署协议者将没收其投标保证金。

⑤招标预备会。招标预备会的目的在于澄清、解答投标单位提出的问题和组织投标单位考察和了解现场情况。

⑥投标文件的份数和签署。投标文件应明确标明“投标文件正本”和“投标文件副本”,投标文件均应使用不能擦去的墨水打印和书写,由投标单位法定代表人亲自签署并加盖法人公章和法定代表人印鉴。

全套投标文件应无涂改和行间插字,若有涂改和行间插字处,应由投标文件签字人签字并加盖印鉴。

(5)投标文件的递交。

①投标文件的密封与标志。第一,投标单位应将投标文件的正本和副本分别密封在内层包封内,再密封在一个外层包封内,并在内包封上注明“投标文件正本”或“投标文件副本”。第二,外层和内层包封都应写明招标单位和地址、合同名称、投标编号并注明开标时间以前不得开封。在内层包封上还应写明投标单位的邮编、地址和名称,以便投标出现逾期送达时能原封退回。第三,如果在内层包封未按上述规定密封并加写标志,招标单位将不承担投标文件错放或提前开封的责任,由此造成的提前开封的投标文件将予以拒绝,并退回投标单位。

②投标截止日期。第一,投标单位应按前附表规定的投标截止日期的时间之前递交投标文件;第二,招标单位因补充通知修改招标文件而酌情延长投标截止日期的,招标和投标单位在投标截止日期方面的全部权利、责任和义务,将适用延长后新的投标截止期。

③投标文件的修改与撤回。投标单位在递交投标文件后,可以在规定的投标

截止时间之前以书面形式向招标单位递交修改或撤回其投标文件的通知。在投标截止时间之后，则不能修改与撤回投标文件，否则将没收投标保证金。

(6)开标。

招标单位应在前附表规定的开标时间和地点举行开标会议，投标单位的法人代表或授权的代表应签名报到，以证明出席开标会议。投标单位未派代表出席开标会议的视为自动弃权。

开标会议在招标管理机构监督下，由招标单位组织主持、对投标文件开封进行检查，确定投标文件内容是否完整和按顺序编制，是否提供了投标保证金，文件签署是否正确。按规定提交合格撤回通知的投标文件不予开封。

投标文件有下列情况之一者将视为无效：①投标文件未按规定标志和密封；②未经法定代表人签署或未盖投标单价公章或未盖法定代表人印鉴的；③未按规定格式填写，内容不全或字迹模糊、辨认不清的；④投标截止日期以后送达的。

招标单位在开标会议上当众宣布开标结果，包括有效投标名称、投标报价、主要材料用量、工期、投标保证金以及招标单位认为适当的其他内容等。

(7)评标。

①评标内容的保密。公开开标后，直到宣布授予中标单位为止。凡属于评标机构对投标文件的审查、澄清、评比和比较的有关资料和授予合同的信息，工程标底情况都不应向投标单位和与该过程无关的人员泄露。在评标和授予合同过程中，投标单位对评标机构的成员施加影响的任何行为，将导致取消投标资格。

②资格审查。对于未进行资格预审的，评标时必须首先按招标文件的要求对投标文件中投标单位填报的资格审查表进行审查，只有资格审查合格的投标单位，其投标文件才能进行评比与比较。

③投标文件的澄清。为有助于对投标文件的审查评比和比较，评标机构可以要求个别投标单位澄清其投标文件，有关澄清的要求与答复，均须以书面形式进行，在此不涉及投标报价的更改和投标的实质性内容。

④投标文件的符合性鉴定。在详细评标之前，评标机构将首先审定每份投标文件是否实质上响应了招标文件的要求。

⑤错误的修正。对投标文件进行校核时，如果用数字表示的数额与用文字表示的数额不一致时，以文字数额为准。单价与合价不一致时，以单价为准。如果投标单位不同意调整投标报价，则视投标单位拒绝投标，没收其投标保证金。

⑥投标文件的评价与比较。第一，在评价与比较时应根据前附表评标方法一项规定的评标内容进行。通常是对投标单位的投标报价、工期、质量标准、主要材

料用量、施工方案或施工组织设计、优惠条件、社会信誉及以往业绩等进行综合评价。第二，投标价格采用价格调整的，在评标时不考虑执行合同期间价格变化和允许调整的规定。

(8)授予合同。

①中标通知书。经评标确定出中标单位后，在投标有效期截止前，招标单位将以书面的形式向中标单位发出“中标通知书”，说明中标单位按本合同实施、完成和维修本工程的中标报价(合同价格)，以及工期、质量和有关签署合同协议书的日期和地点，同时声明该“中标通知书”为合同的组成部分。

②履约保证。中标单位应按规定提交履约保证，履约保证可由在中国注册银行出具的银行保函(保函数额为合同价的 5%)，也可由具有独立法人资格的经济实体企业出具履约担保书(保证数额为合同价 10%)。投标单位可以选其中一种，并使用招标文件中提供的履约保证格式。中标后不提供履约保证的投标单位将没收其投标保证金。

③合同协议书的签署。中标单位按“中标通知书”规定的时间和地点，由投标单位和招标单位的法定代表人按招标文件中提供的合同协议书签署合同。若对合同协议书有进一步的修改或补充，应以“合同协议书谈判附录”形式作为合同的组成部分。

④中标单位按文件规定提供履约保证后，招标单位及时将评标结果通知未中标的投标单位。

2)合同条件

在建设部颁布的《建设工程施工招标文件范本》中，对招标文件的合同条件规定采用由国家工商行政管理局和建设部颁布的《建设工程施工合同(示范文本)》(GF—1999—0201)。该合同由两部分组成，第一部分称《建设工程施工合同条件》，第二部分称《建设工程施工合同协议条款》。2013 年，住房城乡建设部、国家工商行政管理总局对《建设工程施工合同(示范文本)》(GF—1999—0201)进行了修订，制定了《建设工程施工合同(示范文本)》(GF—2013—0201)，于 2013 年实施。

在投标文件编写中，根据实际情况有的招标单位只部分采用上述的《建设工程施工合同》，如只用《建设工程施工合同条件》，有的则用其他的标准合同来代替。

为了指导建设工程施工合同当事人的签约行为，维护合同当事人的合法权益，依据《中华人民共和国合同法》《中华人民共和国建筑法》《中华人民共和国招标投标法》以及相关法律法规，住房城乡建设部、国家工商行政管理总局对《建设工程施工合同(示范文本)》(GF—2013—0201)进行了修订,制定了《建设工程施工合同(示范文本)》(GF—2017—0201)。新修订的施工合同文本由《合同协议书》《合同通用条款》《合同专用条款》三部分组成,可在招标文件中采用。

3)合同格式

合同格式包括以下内容:合同协议书格式、银行履约保函格式、履约担保格式,预付款银行保函格式。为了便于投标和评标,在招标文件中都用统一的格式。

4)规范

规范主要说明工程现场的自然条件、施工条件及本工程施工技术要求和采用的技术规范。

5)投标书及投标书附录

投标书是由投标单位授权的代表签署的一份投标文件,是对业主和承包商双方均具有约束力的合同的重要部分。与投标书跟随的有投标书附录、投标保证书和投标单位的法人代表资格证书及授权委托书。投标书附录是对合同条件规定的重要要求的具体化。投标保证书可选择银行保函或担保公司、证券公司、保险公司提供担保书。

6)工程量清单与报价表

(1)工程量清单与报价表的用途。工程量清单与报价表有3个主要用途:一是为投标单位按统一的规格报价,填报表中各栏目价格,按价格的组成逐项汇总,按逐项的价格汇总成整个工程的投标报价;二是方便工程进度款的支付,每月结算时可按工程量清单和报价表的序号,已实施的项目单价或价格来计算应给承包商的款项;三是在工程变更或增加新的项目时,可选用或参照工程量清单与报价表单价来确定工程变更或新增项目的单价和合价。

(2)工程量清单与报价表的分类。在工程量清单与报价表中,可分为两类,一类是按“单价”计价的项目,另一类是按“项”包干的项目。在编制工程量清单时,要按工程的施工要求进行工作分解来立项,尽力做到使工程量清单中各项既满足工序进度控制要求,又能满足成本控制的要求;既便于报价,又便于工程进度款的结算和支付。

(3)工程量清单与报价表的前言说明。

①工程量清单应与投标须知、合同条件、技术规范和图纸一起使用。

②工程量清单所列工程量系招标单位估算和临时作为投标单位共同报价的基础而用的,付款以实际完成的工程量为依据,由承包商计量,监理工程师核准的实际完成的工程量。

7)辅助资料表

通过辅助资料表进一步了解投标单位对工程施工人员、机械和各项工作的安排情况,便于评标时进行比较,同时便于业主在工程实施过程中安排资金计划。

8)资格审查表

对于未经过资格预审的,在招标文件中应编制资格审查表,以便进行资格后审。在评标前,必须首先按资格审查表的要求进行资格审查,只有资格审查通过者,才有资格进入评标。

资格审查表的内容如下:

(1)投标单位企业概况;

(2)近三年来所承建工程情况一览表;

(3)在建施工情况一览表;

(4)目前剩余劳动力和机械设备情况表;

(5)财务状况;

(6)其他资料(各种奖罚);

(7)联营体协议和授权书。

9)图纸

图纸是招标文件的重要组成部分,是投标单位在拟定施工方案、确定施工方法、提出替代方案、确定工程量清单和计算投标报价不可缺少的资料。

图纸的详细程度取决于设计的深度与合同的类型。实际上,在工程实施中陆续补充和修改图纸,这些补充和修改的图纸必须经监理工程师签字后正式下达,才能作为施工和结算的依据。

4.2.2　工程项目投标

4.2.2.1　工程项目投标的含义、组织与程序

1)工程项目投标的含义

投标就是投标人根据招标文件的要求,提出完成发包业务的方法、措施和报价,竞争取得业务承包权的活动。

招标与投标是一个有机整体,招标是建设单位在招标投标活动中的工作内容,投标则是承包商在招标投标活动中的工作内容。

《招标投标法实施条例》的第三十四条规定:与招标人存在利害关系可能影响招标公正性的法人、其他组织或者个人,不得参加投标。单位负责人为同一人或者

存在控股、管理关系的不同单位，不得参加同一标段投标或者未划分标段的同一招标项目投标。违反规定的，投标无效。

《招标投标法实施条例》的第三十九至四十二条还对投标人的各类违法行为进行了定义。

首先，条例对投标人相互串通投标的行为进行了具体化的明确。有下列情形之一的，将被认定为投标人相互串通投标：①投标人之间协商投标报价等投标文件的实质性内容；②投标人之间约定中标人；③投标人之间约定部分投标人放弃投标或者中标；④属于同一集团、协会、商会等组织成员的投标人按照该组织要求协同投标；⑤投标人之间为谋取中标或者排斥特定投标人而采取的其他联合行动。

有下列情形之一的，也将被视为投标人相互串通投标：①不同投标人的投标文件由同一单位或者个人编制；②不同投标人委托同一单位或者个人办理投标事宜；③不同投标人的投标文件载明的项目管理成员为同一人；④不同投标人的投标文件异常一致或者投标报价呈规律性差异；⑤不同投标人的投标文件相互混装；⑥不同投标人的投标保证金从同一单位或者个人的账户转出。

条例对招标人与投标人串通投标的行为也进行了定义。有下列情形之一的，属于招标人与投标人串通投标：①招标人在开标前开启投标文件并将有关信息泄露给其他投标人；②招标人直接或者间接向投标人泄露标底、评标委员会成员等信息；③招标人明示或者暗示投标人压低或者抬高投标报价；④招标人授意投标人撤换、修改投标文件；⑤招标人明示或者暗示投标人为特定投标人中标提供方便；⑥招标人与投标人为谋求特定投标人中标而采取的其他串通行为。

条例指出，使用通过受让或者租借等方式获取的资格、资质证书投标的，属于招标投标法第三十三条规定的以他人名义投标。

投标人有下列情形之一的，属于招标投标法第三十三条规定的以其他方式弄虚作假的行为：①使用伪造、变造的许可证件；②提供虚假的财务状况或者业绩；③提供虚假的项目负责人或者主要技术人员简历、劳动关系证明；④提供虚假的信用状况；⑤其他弄虚作假的行为。

上述行为都是违法行为，是法律和法规明令禁止的。违反规定将被行政处罚甚至被追究法律责任。

2)工程项目投标的组织

投标过程竞争十分激烈，需要有专门的机构和人员对投标全过程加以组织与管理，以提高工作效率和中标的可能性。建立一个强有力的、内行的投标班子，是投标获得成功的根本保证。

不同的工程项目，由于其规模、性质等不同，建设单位在择优时可能各有侧重，但一般来说，建设单位主要考虑如下方面：较低的价格、优良的质量和较短的工期，因此在一定投标班子人选及制订投标方案时必须充分考虑。

投标班子应由以下 3 类人才组成：

(1)经营管理类人才，是指专门从事工程业务承揽工作的公司经营部门管理人员和拟定的项目经理。经营部人员应具备一定的法律知识，掌握大量的调查和统计资料，具备分析和预测等科学手段，有较强的社会活动与公共关系能力，而项目经理应熟悉项目运行的内在规律，具有丰富的实践经验和大量的市场信息。这类人才在投标班子中起核心作用，制定和贯彻经营方针与规划，负责工作的全面筹划和安排。

(2)专业技术人才，是指工程施工中的各类技术人才，诸如土木工程师、水暖电工程师、专业设备工程师等各类专业技术人员。他们具有较高的学历和技术职称，掌握本学科最新的专业知识，具备较强的实际操作能力，在投标时能从本公司的实际技术水平出发，确定各项专业实施方案。

(3)商务金融类人才，是指从事预算、财务和商务等方面人才。他们具有概预算、材料设备采购、财务会计、金融、保险和税务等方面的专业知识。投标报价主要由这类人才进行具体编制。

另外，在参加涉外工程投标时，还应配备懂得专业和合同管理的翻译人员。

3)工程项目投标的程序

投标活动的一般程序如下：①成立投标组织；②投标初步决策；③参加资格预审，并购买标书；④参加现场踏勘和招标预备会；⑤进行技术环境和市场环境调查；⑥编制施工组织设计；⑦编制并审核施工图预算；⑧投标最终决策；⑨标书成稿；⑩标书装订和封包；⑪递交标书参加开标会议；⑫接到中标通知书后，与建设单位签订合同。

4.2.2.2　工程项目投标文件的编制及组成

1)工程项目投标文件的编制

投标文件是承包商参与投标竞争的重要凭证，是评标、决标和订立合同的依据，是投标人素质的综合反映和投标人能否取得经济效益的重要因素。可见，投标人应对编制投标文件的工作倍加重视。

(1)编制投标文件的准备工作：①组织投标班子，确定投标文件编制的人员；②仔细阅读诸如投标须知、投标书附件等各个招标文件；③投标人应根据图纸审核工程量表的分项、分部工程的内容和数量，如发现“内容”“数量”有误时，应在收到招标文件 7 日内以书面形式向招标人提出；④收集现行定额标准、取费标准及各类标准图集，并掌握政策性调价文件。

(2)投标文件编制。根据招标文件及工程技术规范要求，结合项目施工现场条件编制施工组织设计和投标报价书。投标文件编制完成后应仔细核对和整理成册，并按招标文件要求进行密封和标志。

2)投标文件组成

(1)投标书。

(2)投标书附件。

(3)投标保证金。

(4)法定代表人资格证明书。

(5)授权委托书。

(6)具有标价的工程量清单与报价表：随合同类型而异。单价合同中，一般将各项单价开列在工程量表上，有时业主要求报单价分析表，则需按招标文件规定在主要的或全部单价中附上单价分析表。

(7)施工规划：列出各种施工方案(包括建议的新方案)及其施工进度计划表，有时还要求列出人力安排计划的直方图。

(8)辅助资料表。

(9)资格审查表。

(10)对招标文件中的合同协议条款内容的确认和响应。

(11)按招标文件规定提交的其他资料。

4.2.2.3 工程项目投标报价

1)投标报价及其依据

投标报价前，投标人首先应根据有关法规、取费标准、市场价格、施工方案等，并考虑到上级企业管理费、风险费用、预计利润和税金等所确定的承揽该项工程的企业水平的价格，即进行投标估价。投标估价是承包商生产力水平的真实体现，是确定最终报价的基础。

投标估价的主要依据有：①招标文件，包括招标答疑文件；②建设工程工程量清单计价规范、预算定额、费用定额以及地方的有关工程造价的文件，有条件的企业应尽量采用企业施工定额；③劳动力、材料价格信息，包括由地方造价管理部门编制的造价信息；④地质报告、施工图，包括施工图指明的标准图；⑤施工规范、标准;⑥施工方案和施工进度计划;⑦现场踏勘和环境调查所获得的信息;⑧当采用工程量清单招标时应包括工程量清单。

2)投标报价的程序

承包工程有总价合同、单价合同、成本加酬金合同等合同形式,不同的合同形式的计算报价是有差别的。报价计算主要步骤如下:

(1)研究招标文件。招标文件是投标的主要依据,承包商在计算标价之前和整个投标报价期间,均应组织参加投标报价的人员认真细致地阅读招标文件,仔细分析研究,弄清招标文件的要求和报价内容。一般主要应弄清报价范围、取费标准、工料机定价方法、技术要求、特殊材料和设备、有效报价区间等。同时,在招标文件研究过程中要注意发现互相矛盾和表述不清的问题等。对这些问题,应及时通过招标预备会或采用书面提问形式,请招标人给予解答。

在投标实践中,报价发生较大偏差甚至造成废标的原因,常见的有两个:其一是造价估算误差太大,其二是没弄清招标文件中有关报价的规定。因此,标书编制以前,全体与投标报价有关的人员都必须反复认真研读招标文件。

(2)现场调查。现场条件是投标人投标报价的重要依据之一。现场调查不全面不细致,很容易造成与现场条件有关的工作内容遗漏或者工程量计算错误。由这种错误所导致的损失,一般是无法在合同的履行中得到补偿的。现场调查一般主要包括以下方面:

第一,自然地理条件,包括:施工现场的地理位置,地形、地貌,用地范围,气象、水文情况,地质情况,地震及设防烈度,洪水、台风及其他自然灾害情况等。

这些条件有的直接涉及风险费用的估算,有的则涉及施工方案的选择,从而涉及工程直接费的估算。

第二,市场情况,包括:建筑材料和设备、施工机械设备、燃料、动力和生活用品的供应状况、价格水平与变动趋势,劳务市场状况,银行利率和外汇汇率等情况。

对于不同建设地点,由于地理环境和交通条件的差异,价格变化会很大。因此,要准确估算工程造价就必须对这些情况进行详细调查。

第三,施工条件,包括:临时设施、生活用地位置和大小,供排水、供电、进场道路、通信设施现状,引接供排水线路、电源、通信线路和道路的条件和距离,附近现有建(构)筑物、地下和空中管线情况,环境对施工的限制等。

这些条件,有的直接关系到临时设施费的支出的多少,有的则或因与施工工期有关,或因与施工方案有关,或因涉及技术措施费,从而直接或间接影响工程造价。

第四,其他条件,包括:交通运输条件,工地现场附近的治安情况等。

交通条件直接关系到材料和设备的到场价格，对工程造价影响十分显著。治安状况则关系到材料的非生产性损耗，因而也会影响工程成本。

(3)编制施工组织设计。施工组织设计包括进度计划和施工方案等内容，是技术标的主要组成部分。施工组织设计的水平反映了承包商的技术实力，不但是决定承包商能否中标的主要因素。同时由于施工进度安排是否合理，施工方案选择是否恰当，对工程成本与报价有密切关系。一个好的施工组织设计可大大降低标价。因此，在估算工程造价之前，工程技术人员应认真编制好施工组织设计，为准确估算工程造价提供依据。

(4)计算或复核工程量。要确定工程造价，首先要根据施工图和施工组织设计计算工程量，并列出工程量表。而当采用工程量清单招标时，这项工作可以省略。

工程量的大小是投标报价的最直接依据。为确保复核工程量准确，在计算中应注意以下方面：①正确划分分项工程，做到与当地定额或单位估价表项目一致；②按一定顺序进行，避免漏算或重算；③以施工图为依据；④结合已定的施工方案或施工方法；⑤进行认真复核与检查。

(5)确定工、料、机单价。工、料、机的单价应通过市场调查或参考当地造价管理部门发布的造价信息确定。而工、料、机的用量尽量采用企业定额确定，无企业定额时，可依据国家或地方颁布的预算定额确定。

(6)计算工程直接费。根据分项工程中工、料、机等生产要素的需用量和其单价，计算分项工程的直接成本的单价和合价，进而计算出整个工程的直接费。

(7)计算间接费。根据当地的费用定额或根据企业的实际情况，以直接费为基础，计算出工程间接费。

(8)估算上级企业管理费、预计利润、税金及风险费用。

(9)计算工程总报价。综合工程直接费、间接费、上级企业管理费、风险费用、预计利润和税金形成工程总报价。

(10)审核工程报价。在确定最终的投标报价前，还需进行报价的宏观审核。宏观审核的目的在于通过变换角度的方式对报价进行审查，以提高报价的准确性，提高竞争能力。

(11)确定报价策略和投标技巧。根据投标目标、项目特点、竞争形势等，在采用前述的报价决策的基础上，具体确定报价策略和投标技巧。

(12)最终确定投标报价。根据已确定的报价策略和投标技巧对估算造价进行调整，最终确定投标报价。

3)工程量清单报价规定

目前建设工程投标报价已普遍采用工程量清单计价，因此投标人应在报价中严格遵守《建设工程工程量清单计价规范》(50500—2013)的有关规定。

投标价应由投标人或受其委托具有相应资质的工程造价咨询人编制。

投标价应由投标人自主确定，但不得低于成本。

投标人应按招标人提供的工程量清单填报价格，填写的项目编码、项目名称、项目特征、计量单位、工程量必须与招标人提供的一致。

投标报价应根据下列依据编制：①《建设工程工程量清单计价规范》(50500—2013)；②国家或省级、行业建设主管部门颁发的计价办法；③企业定额，国家或省级、行业建设主管部门颁发的计价定额；④招标文件、工程量清单及其补充通知、答疑纪要；⑤建设工程设计文件及相关资料；⑥施工现场情况、工程特点及拟定的投标施工组织设计或施工方案；⑦与建设项目相关的标准、规范等技术资料；⑧市场价格信息或工程造价管理机构发布的工程造价信息；⑨其他的相关资料。

应高度重视对招标文件中分部分项工程量清单项目的特征描述的研究，严格按特征描述计算综合单价。

综合单价中应考虑招标文件中要求投标人承担的风险费用。

措施项目清单计价应根据拟建工程的施工组织设计，可以计算工程量的措施项目，应按分部分项工程量清单的方式采用综合单价计价；其余的措施项目可以“项”为单位的方式计价，应包括除规费、税金外的全部费用。措施项目费应根据招标文件中的措施项目清单及投标时拟定的施工组织设计或施工方案按规定自主确定。投标人可根据工程实际情况结合施工组织设计，对招标人所列的措施项目进行增补。

措施项目清单中的安全文明施工费应按照国家或省级、行业建设主管部门的规定计价，不得作为竞争性费用。

暂列金额应按招标人在其他项目清单中列出的金额填写；材料暂估价应按招标人在其他项目清单中列出的单价计入综合单价；专业工程暂估价应按招标人在其他项目清单中列出的金额填写；计日工按招标人在其他项目清单中列出的项目和数量，自主确定综合单价并计算计日工费用；总承包服务费根据招标文件中列出的内容和提出的要求自主确定。

规费和税金应按国家或省级、行业建设主管部门的规定计算，不得作为竞争性费用。

投标总价应当与分部分项工程费、措施项目费、其他项目费和规费、税金的合计金额一致。

工程量清单与计价应采用《建设工程工程量清单计价规范》(50500—2013)规定的统一格式。封面应按规定的内容填写、签字、盖章。总说明应按下列内容填写:①工程概况:建设规模、工程特征、投标工期、施工现场及变化情况、施工组织设计的特点、自然地理条件、环境保护要求等;②编制依据等。投标人应按照招标文件的要求,附工程量清单综合单价分析表。工程量清单与计价表中列明的所有需要填写的单价和合价,投标人均应填写,未填写单价和合价,视为此项费用已包含在工程量清单的其他单价和合价中。

4.3 工程项目合同管理

4.3.1 工程项目合同的基本内涵

4.3.1.1 工程项目合同的概念

建设工程合同是指承包人进行工程建设,发包人支付价款的合同。建设工程合同包括工程勘察、设计、施工合同。建设工程实行监理的,发包人也应与监理人订立委托监理合同。

建设工程合同是一种诺成合同,合同订立生效后双方应当严格履行。同时,建设工程合同也是一种双务、有偿合同,当事人双方在合同中都有各自的权利和义务,在享有权利的同时必须履行义务。

建设工程合同的双方当事人分别称为承包人和发包人。承包人是指在建设工程合同中负责工程的勘察、设计、施工任务的一方当事人,承包人最主要的义务是进行工程建设,即进行工程的勘察、设计、施工等工作。发包人是指在建设工程合同中委托承包人进行工程的勘察、设计、施工任务的建设单位(或业主、项目法人),发包人最主要的义务是向承包人支付相应的价款。

由于建设工程合同涉及的工程量通常较大,履行周期长,当事人的权利、义务关系复杂。因此,《合同法》明确规定,建设工程合同应当采用书面形式。

4.3.1.2　工程项目合同的主要内容

1)合同的主体

发包人、承包人是建设工程合同的当事人。发包人、承包人必须具备一定的资格,才能成为建设工程合同的合法当事人;否则,建设工程合同可能因主体不合格而导致无效。

(1)发包人的主体资格。发包人有时也称发包单位、建设单位、业主或项目法人。发包人的主体资格也就是进行工程发包并签订建设工程合同的主体资格。

根据《中华人民共和国招标投标法》(以下简称《招标投标法》)规定:“招标人应当有进行招标项目的相应资金或者资金来源已经落实,并应当在招标文件中如实载明。”这就要求发包人有支付工程价款的能力。

《招标投标法》规定:“招标人具有编制招标文件和组织评标能力的,可以自行办理招标事宜。”

综上所述,发包人进行工程发包应当具备下列基本条件:①应当具有相应的民事权利能力和民事行为能力;②实行招标发包的,应当具有编制招标文件和组织评标的能力或者委托招标代理机构代理招标事宜;③进行招标项目的相应资金或者资金来源已经落实。

(2)承包人的主体资格。建设工程合同的承包人分为勘察人、设计人、施工人。对于建设工程承包人,我国实行严格的市场准入制度。《建筑法》规定,承包建筑工程的单位应当持有依法取得的资质证书,并在其资质等级许可的业务范围内承揽工程。

2)建设工程合同的基本条款

建设工程合同应当具备一般合同的条款,如发包人、承包人的名称和住所,标的,数量,质量,价款,履行方式,地点,期限,违约责任,解决争议的方法等。由于建设工程合同标的的特殊性,法律还对建设工程合同中某些内容做出了特别规定,成为建设工程合同中不可缺少的条款。

(1)勘察、设计合同的基本条款。为了规范勘察设计合同,《合同法》规定:勘察、设计合同的内容包括提交有关基础资料和文件(包括概预算)的期限、质量要求、费用以及其他协作条件等条款。

①提交有关基础资料和文件(包括概预算)的期限。这是对勘察人、设计人提交勘察、设计成果时间上的要求。当事人之间应当根据勘察、设计的内容和工作难度确定提交工作成果的期限。勘察人、设计人必须在此期限内完成并向发包人提

交工作成果。超过这一期限的，应当承担违约责任。

②勘察或者设计方案的质量要求。这是此类合同中最为重要的合同条款，也是勘察或者设计人所应承担的最重要的义务。勘察或者设计人应当对没有达到合同约定质量的勘察或者设计方案承担违约责任。

③勘察或者设计费用。这是勘察或者设计合同中的发包人所应承担的最重要的义务。勘察设计费用的具体标准和计算办法应当按《工程勘察收费标准》《工程设计收费标准》中的规定执行。

④其他协作条件。除上述条款外，当事人之间还可以在合同中约定其他协作条件。至于这些协作条件的具体内容，应当根据具体情况来认定，如发包人提供资料的期限，现场必要的工作和生活条件，设计的阶段、进度和设计文件份数等。

(2)建设施工合同的基本条款。《合同法》规定：施工合同的内容包括工程范围、建设工期、中间交工工程的开工和竣工时间、工程质量、工程造价、技术资料交付时间、材料和设备供应责任、拨款和结算、竣工验收、质量保修范围和质量保证期、双方相互协作等条款。

①工程范围。当事人应在合同中附上工程项目一览表及其工程量，主要包括建筑栋数、结构、层数、资金来源、投资总额以及工程的批准文号等。

②建设工期。建设工期即全部建设工程的开工和竣工日期。

③中间交工工程的开工和竣工日期。所谓中间交工工程，是指需要在全部工程完成期限之前完工的工程。对中间交工工程的开工和竣工日期，也应当在合同中做出明确的约定。

④工程质量。建设项目是百年大计，必须做到质量第一，因此这是最重要的条款。发包人、承包人必须遵守《建设工程质量管理条例》的有关规定，保证工程质量符合工程建设强制性标准。

⑤工程造价。工程造价或工程价格由成本（直接成本、间接成本）、利润（酬金）和税金构成。工程价格包括合同价款、追加合同价款和其他款项。实行招投标的工程应当通过工程所在地招标投标监督管理机构采用招投标的方式定价；对于不宜采用招投标的工程，可采用施工图预算加变更洽商的方式定价。

⑥技术资料交付时间。发包人应当在合同约定的时间内按时向承包人提供与本工程项目有关的全部技术资料，否则造成的工期延误或者费用增加应由发包人负责。

⑦材料和设备供应责任。材料和设备供应责任即在工程建设过程中确定所需要的材料和设备由哪一方当事人负责提供，并应对材料和设备的验收程序加以约定。

⑧拨款和结算。拨款和结算即发包人向承包人拨付工程价款，并确定结算的方式和时间。

⑨竣工验收。竣工验收是工程建设的最后一道程序，是全面考核设计、施工质量的关键环节，合同双方还将在该阶段进行结算。竣工验收应当根据《建设工程质量管理条例》第十六条的有关规定执行。

⑩质量保修范围和质量保证期。合同当事人应当根据实际情况确定合理的质量保修范围和质量保证期，但不得低于《建设工程质量管理条例》规定的最低质量保修期限。

除了上述 10 项基本合同条款以外，当事人还可以约定其他协作条款，如施工准备工作的分工、工程变更时的处理办法等。

4.3.2　工程施工合同管理

4.3.2.1　建设工程施工合同双方的权利与义务

了解施工合同中承发包双方的一般权利和义务，是建筑施工企业项目经理最基本的要求。在市场经济条件下，施工任务的最终确认是以施工合同为依据的，项目经理必须代表施工企业（承包人）完成应当由施工企业完成的工作；了解发包人的工作则是项目经理在施工中要求发包人合作的基础，也是维护己方权益的基础。

1)发包人工作

根据专用条款约定的内容和时间，发包人应分阶段或一次性完成以下工作：

(1)办理土地征用、拆迁补偿、平整施工场地等工作，使施工场地具备施工条件，并在开工后继续负责解决以上事项的遗留问题。

(2)将施工所需水、电、电信线路从施工场地外部接至专用条款约定地点，并保证施工期间需要。

(3)开通施工场地与城乡公用道路的通道，以及专用条款约定的施工场地内的主要交通干道，满足施工运输的需要，保证施工期间的畅通。

(4)向承包人提供施工场地的工程地质和地下管线路资料，对资料的真实准确性负责。

(5)办理施工许可证及其他施工所需证件、批件和临时用地、停水、停电、中断道路交通、爆破作业等的申请批准手续（证明承包人自身资质的证件除外）。

(6)确定水准点与坐标控制点，以书面形式交给承包人，并进行现场交验。

(7)组织承包人和设计单位进行图纸会审和设计交底。

(8)协调处理施工现场周围地下管线和邻近建筑物、构筑物(包括文物保护建筑)、古树名木的保护工作,并承担有关费用。

(9)发包人应做的其他工作,双方在专用条款内约定。

发包人可以将上述部分工作委托承包人办理,具体内容由双方在专用条款内约定,费用由发包人承担。若发包人不按合同约定完成以上义务,应赔偿承包人的有关损失,延误的工期相应顺延。

2)承包人工作

承包人按专用条款约定的内容和时间完成以下工作:

(1)根据发包人的委托,在其设计资质允许的范围内,完成施工图设计或与工程配套的设计,经工程师确认后使用,发生的费用由发包人承担。

(2)向工程师提供年、季、月工程进度计划及相应进度统计报表。

(3)根据工程需要提供和维修非夜间施工使用的照明、围栏设施,并负责安全保卫。

(4)按专用条款约定的数量和要求,向发包人提供在施工现场办公和生活的房屋及设施,发生的费用由发包人承担。

(5)遵守有关部门对施工场地交通、施工噪声以及环境保护和安全生产等的管理规定,按规定办理有关手续,并以书面形式通知发包人。发包人承担由此发生的费用,因承包人责任造成的罚款除外。

(6)已竣工工程未交付发包人之前,承包人按专用条款约定负责已完工程的成品保护工作,保护期间发生损坏,承包人自费予以修复。要求承包人采取特殊措施保护的工程部位和相应的追加合同价款,在专用条款内约定。

(7)按专用条款的约定做好施工现场地下管线和邻近建筑物、构筑物(包括文物保护建筑)、古树名木的保护工作。

(8)保证施工场地清洁、符合环境卫生管理的有关规定,交工前清理现场达到专用条款约定的要求,承担因自身原因违反有关规定造成的损失和罚款。

(9)承包人应做的其他工作,双方在专用条款内约定。承包人不履行上述各项义务的,应对发包人的损失给予赔偿。

4.3.2.2 建设工程施工合同的订立与解除

1)施工合同订立的条件

订立施工合同应具备如下条件:①初步设计已经批准;②工程项目已经列入年度建设计划;③有能够满足施工需要的设计文件和有关技术资料;④建设资金和主

要建筑材料设备来源已经落实;⑤对于招投标工程,中标通知书已经下达。

2)订立施工合同应当遵守的原则

(1)遵守国家法律、行政法规和国家计划原则。订立施工合同,必须遵守国家法律、行政法规,也应遵守国家的建设计划和其他计划(如贷款计划等)。建设工程施工对经济发展、社会生活有多方面的影响,国家有许多强制性的管理规定,施工合同当事人都必须遵守。

(2)平等、自愿、公平的原则。签订施工合同当事人双方都具有平等的法律地位,任何一方都不得强迫对方接受不平等的合同条件。当事人有权决定是否订立施工合同和施工合同的内容,合同内容应当是双方当事人真实意思的体现。合同的内容应当是公平的,不能损害一方的利益,对于显失公平的施工合同,当事人一方有权申请人民法院或者仲裁机构予以变更或者撤销。

(3)诚实信用原则。诚实信用原则要求在订立施工合同时要诚实,不得有欺诈行为,合同当事人应当如实地将自身和工程的情况介绍给对方。在履行合同时,施工合同当事人要守信用,严格履行合同。

3)施工合同订立的程序

施工合同作为合同的一种,其订立应经过要约和承诺两个阶段。其订立方式有两种:直接发包和招标发包。对于必须进行招标的建设工程项目的施工,都应通过招标投标确定施工企业。

中标通知书发出后,中标的施工企业应当与建设单位及时签订合同。依据《招标投标法》的规定,中标通知书发出 30 天内,中标单位应与建设单位依据招标文件、投标书等签订工程承发包合同(施工合同)。签订合同的承包人必须是中标的施工企业,投标书中已确定的合同条款在签订时不得更改,合同价应与中标价相一致。如果中标施工企业拒绝与建设单位签订合同,则建设单位将不再返还其投标保证金(如果是由银行等金融机构出具投标保函的,则投标保函出具者应当承担相应的保证责任),建设行政主管部门或其授权机构还可给予一定的行政处罚。

施工合同订立后,当事人应当按照合同的约定履行。但是,在一定的条件下,合同没有履行或者没有完全履行,当事人也可以解除合同。

4.3.2.3　建设工程施工合同争议的解决

1)施工合同争议的解决方式

合同当事人在履行施工合同时发生争议,可以和解或者要求合同管理及其他有关主管部门调解。和解或调解不成的,双方可以在专用条款内约定以下一种方式解决争议:第一种解决方式,双方达成仲裁协议,向约定的仲裁委员会申请仲裁;第二种解决方式,向有管辖权的人民法院起诉。

如果当事人选择仲裁的,应当在专用条款中明确以下内容:①请求仲裁的意思表示;②仲裁事项;③选定的仲裁委员会。在施工合同中直接约定仲裁,关键是要指明仲裁委员会,因为仲裁没有法定管辖,而是依据当事人的约定确定由哪一个仲裁委员会仲裁。而请求仲裁的意思表示和仲裁事项则可在专用条款中以隐含的方式实现。当事人选择仲裁的,仲裁机构做出的裁决是终局的,具有法律效力,当事人必须执行。如果一方不执行的,另一方可向有管辖权的人民法院申请强制执行。

如果当事人选择诉讼的,则施工合同的纠纷一般应由工程所在地的人民法院管辖。当事人只能将向有管辖权的人民法院起诉作为解决争议的最终方式。

2)争议发生后允许停止履行合同的情况

发生争议后,在一般情况下,双方都应继续履行合同,保持施工连续,保护好已完工程。只有出现下列情况时,当事人方可停止履行施工合同:①单方违约导致合同确已无法履行,双方协议停止施工;②调解要求停止施工,且为双方接受;③仲裁机关要求停止施工;④法院要求停止施工。

第5章　工程项目费用管理技术

随着科学技术与工业的发展，建设工程规模越来越大，工艺技术越来越复杂，操作水平越来越高，施工技术要求越来越精，且质量要求高，工期要求快，投资要求低。针对工程项目的这些情况，需要以最优化的条件实施工程项目的目标，并且按照工程项目建设的规律，对工程项目全过程进行有效的计划、组织、协调与控制。本章从工程项目费用管理、工程项目费用估算、工程项目费用计划三方面阐述工程项目费用管理技术。

5.1　工程项目费用管理

5.1.1　工程项目费用管理的内涵

5.1.1.1　工程项目费用管理的含义

工程项目费用是指在完成一个工程项目过程中，必然发生的各种物化劳动和活劳动消耗的货币表现。

美国项目管理协会编写的《项目管理知识体系指南》中给出了广义的项目费用管理的定义为：项目费用管理是项目生命周期费用估算。《项目管理知识体系指南》中将“Cost management”中的“Cost”翻译成了“费用”，即项目费用管理。

彼得斯·霍布斯在《项目管理》中指出：项目成本管理就是在规定的时间内，为保证实现项目的既定目标，对项目实际发生的费用指出所采取的各项措施。通过对项目的成本管理，可以实现对整个项目实施的管理与监督，及时发现和解决项目实施过程中出现的各种问题。根据我国的项目管理习惯，对承包人而言，一般体现为“成本”；对发包人而言，一般体现为“费用”。

工程项目费用管理是在工程建设的各个阶段，对工程项目费用进行预测、计划、执行、检查、协调、控制等的总称。工程项目费用管理就是要求在项目建设的各个阶段，把工程成本控制在批准的成本限额内；及时纠正发生的偏差，以保证工程费用管理目标的实现。

工程费用管理包括资源需求计划编制、费用估算、费用计划编制和费用控制。

1)资源需求计划编制

编制资源需求计划就是确定完成工程项目的各项工作需要何种资源（人、材料、设备等）及各种资源的需求数量。

2)费用估算

费用估算就是估算完成工程项目各项工作活动所需资源的成本。在国外的建设程序中，可行性研究阶段、方案设计阶段、基础设计阶段、详细设计阶段及招投标阶段对建设工程项目投资所做的测算统称“费用估算”。但在各个阶段，其详细程度和准确度是有差别的。

按照我国的投资建设程序，在项目建议书及可行性研究阶段，对建设工程项目投资所做的测算称为“投资估算”；在初步设计、技术设计阶段，对建设工程项目投资所做的测算称为“设计概算”；在施工图设计阶段，称为“施工图预算”；在投标阶段，称为“投标报价”；承包人与发包人签订合同时形成的价格称为“合同价”；在合同实施阶段，承包人与发包人结算工程价款时形成的价格称为“结算价”；工程竣工验收后，实际的工程造价称为“竣工决算价”。各阶段估算的准确度要求是不同的，如图 5-1 所示。

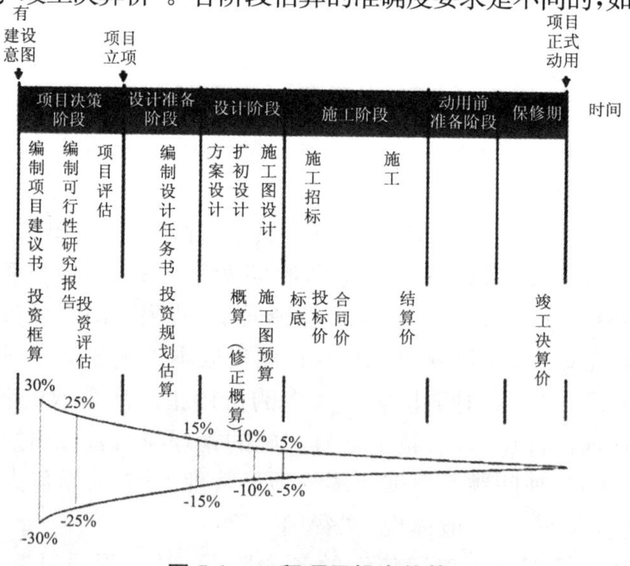

图 5-1　**工程项目投资估算**

3)费用计划编制

编制费用计划就是将总成本费用根据工作分解结构(WBS)分配到各工作单元中去。

4)费用控制

费用控制就是在工程项目进展过程中,不断地进行费用计划值与实际值的比较,发现偏差,分析偏差产生的原因,及时采取纠偏措施。

5.1.1.2　工程项目费用管理的一般程序

工程项目费用管理的一般程序如图 5-2 所示。

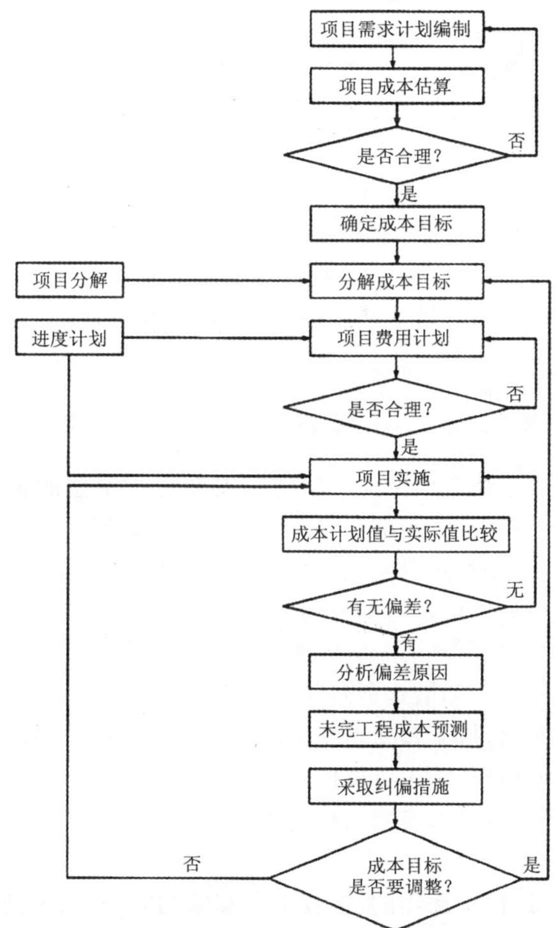

图 5-2　工程项目费用管理的一般程序

5.1.2 工程项目费用构成

工程项目费用主要由工程费用和工程建设其他费用组成，如图 5-3 所示。

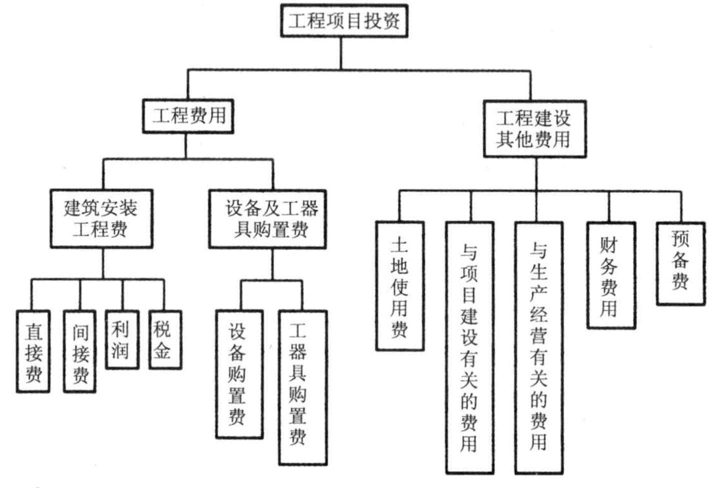

图 5-3 工程项目费用构成

我国现行工程造价由建筑安装工程费、设备工器具购置费、工程建设其他费用构成。

5.1.2.1 建筑安装工程费

建筑安装工程费是建设单位支付给建筑安装施工单位的全部施工费用，主要包括建筑物的建造和有关清理、准备等工程的投资，以及需要安装设备与安装工程投资。根据建设部颁布的《建设安装工程费用项目组成》，我国建筑安装工程费用由直接费、间接费、利润和税金四部分构成。

1)直接费

直接费由直接工程费和措施费两部分组成。

(1)直接工程费。直接工程费是指在施工过程中耗费的、构成工程实体的各项费用，包括人工费、材料费、施工机械使用费。

①人工费：直接从事建筑安装工程施工的生产工人开支的各项费用，包括基本工资、生产工人劳动保护费等。

②材料费：施工过程中耗用的、构成工程实体的原材料、辅助材料、构配件等的费用和周转使用材料的摊销或租赁费用，如材料原价、材料运杂费、运输损耗费、采

购及保管费、检验试验费等。

③施工机械使用费:使用施工机械作业所发生的机械使用费以及机械安、拆和进出场费用,如折旧费、大修理费、经常修理费、安装拆卸费等。

(2)措施费。措施费是为完成工程项目施工,发生于该工程施工前和施工过程中非工程实体项目的费用,如环境保护费、文明施工费、安全施工费、临时设施费、二次搬运费等。

①环境保护费是指在施工现场为达到环保部门要求所需要的各项费用。

②文明施工费是指施工现场文明施工所需要的各项费用。

③安全施工费是指施工现场安全施工所需要的各项费用。

④临时设施费是指施工企业为进行建筑安装工程施工所必须搭设的生活和生产用的临时建筑物、构筑物和其他临时设施费用等。临时设施一般包括临时宿舍、文化福利及公用事业房屋与构筑物、仓库、办公室、加工厂以及规定范围内道路、水、电、管线等临时设施和小型临时设施。临时设施费用主要包括临时设施的搭设、维修、拆除费和摊销费等。

⑤夜间施工增加费是指因夜间施工所发生的夜班补助费、夜间施工降效、夜间施工照明设备摊销及照明用电等费用。

⑥二次搬运费是指因施工场地狭小等特殊情况而发生的二次搬运费用。

⑦大型机械设备进出场及安拆费是指机械整体或分体自停放场地运至施工现场或由一个施工地点运至另一个施工地点,所发生的机械进出场运输与转移费用及机械在施工现场进行安装、拆卸所发生的人工费、材料费、机械费,试运转费和安装所支出的辅助设施费用等。

⑧混凝土、钢筋混凝土模板及支架费是指混凝土施工过程中需要的各种钢模板、木模板、支架等的支、拆、运输费用及模板、支架的摊销或租赁费用。

⑨脚手架费是指施工需要的各种脚手架搭、拆、运输所发生的费用及脚手架的摊销或租赁费用。

⑩已完工程及设备保护费是指竣工验收前,对已完工程及设备进行保护所需要的费用。

⑪施工排水、降水费是指为确保工程在正常条件下施工,采取各种排水、降水措施所发生的各种费用。

2)间接费

间接费由规费和企业管理费两部分组成。

(1)规费。规费是指政府和有关权力部门规定的必须缴纳的费用,包括工程排污费、工程定额测定费、社会保障费、住房公积金、危险作业意外伤害保险等。

①工程排污费是指施工现场按规定缴纳的工程排污费。

②工程定额测定费是指按规定支付工程造价(定额)管理部门的定额测定费。

③社会保障费包括养老保险费、失业保险费、医疗保险费等。其中,养老保险费是指企业按国家规定标准为职工缴纳的基本养老保险费;失业保险费是指企业按国家规定标准为职工缴纳的失业保险费;医疗保险费是指企业按照国家规定标准为职工缴纳的基本医疗保险费。

④住房公积金是指企业按国家规定标准为职工缴纳的住房公积金。

⑤危险作业意外伤害保险是指按照《建筑法》规定,企业为从事危险作业的建筑安装施工人员支付的意外伤害保险费。

(2)企业管理费。企业管理费是指建筑安装企业组织施工生产和经营管理所需费用,包括管理人员工资、办公费、差旅交通费、固定资产使用费、工具用具使用费、劳动保险费、工会经费、职工教育经费、财产保险费、财务费、税金和其他费用等。

①固定资产使用费是指管理和试验部、站及附属生产单位使用的属于固定资产的房屋、设备仪器等折旧、大修、维修或租赁费。

②工具用具使用费是指管理使用的不属于固定资产的生产工具、器具、家具、交通工具和检验、试验、测绘、消防用具等的购置、维修和摊销等各项费用。

③劳动保险费是指由企业支付离退休职工的异地安家补助费、职工退职金、六个月以上的病假人员工资、职工死亡丧葬补助费、抚恤费、按规定支付给离退休干部的各项经费等。

④税金是指企业按规定缴纳的房产税、车船使用税、土地使用税、印花税等各种税费。

⑤其他费用包括技术转让费、技术开发费、业务招待费、绿化费、广告费、公证费、法律顾问费、审计费、咨询费等。

3)利润

利润是指施工企业完成所承包工程获得的赢利。按不同的计价程序,利润有不同的计算方法。其基本的计算公式如下:

利润=计算基数×利润率

计算基数可采用:直接费和间接费合计;人工费和机械费合计;以人工费为计算基础。

4)税金(建筑安装工程税金)

建筑安装工程税金是指国家税法规定的应计入建筑安装工程造价的营业税、

城市维护建设税及教育费附加税。营业税的税额为营业额的 3%。城市维护建设税依据纳税人所在地实行不同税率，纳税人所在地在市区者，按营业税的 7% 征收；所在地为县城者，按营业税的 5% 征收；所在地为农村者，按营业税的 1% 征收。教育费附加税则为营业税的 3%。

为了计算上的简便，可将营业税、城市维护建设税和教育费附加税合并在一起计算，以工程成本加利润为基数计算税金。其计算公式如下：

$$税金=(直接费+间接费+利润)\times 税率$$

式中

$$税率=\{1/[1-营业税税率\times(1+城市维护建设税率+教育费附加税率)]-1\}\times 100\%$$

5.1.2.2　设备及工器具购置费

设备及工器具购置费是指根据工程项目设计文件的要求，由建设单位购置或自制，达到固定资产标准的设备和扩建项目购置的工器具及生产家具所需的费用，由设备及工器具原价和包括成套公司服务费在内的运杂费组成。设备及工器具购置费是建设工程费用构成中的主要部分，在生产型工程建设中，若设备及工器具购置费用占工程造价的比例增大，则表明生产技术的进步和资本有机构成的提高。

1)设备购置费

设备购置费是指建设项目购置或自制的，达到固定资产标准的各种国产或进口设备、工器具的购置费用，由设备原价和设备运杂费组成。其计算公式如下：

$$设备购置费=设备原价+设备运杂费$$

式中，设备原价是指国产设备或进口设备的原价。设备运杂费是指设备原价之外，包括运费和装卸费、包装费、设备供销部门的手续费、采购与仓库保管费等方面的支出费用的总和；如果设备是由设备成套公司供应的，则该供应公司的服务费也应计入设备运杂费中。

2)工器具及生产家具购置费

工器具及生产家具购置费是指新建或扩建项目初步设计规定的、保证初期正常生产必须购置的没有达到构成固定资产标准的设备、仪器、器具等购置费。

5.1.2.3　工程建设其他费用

工程建设其他费用是指从工程筹建起到工程竣工验收交付使用止的整个建设期间，除设备及工器具购置费以外的，为保证工程建设顺利完成和交付使用后能够正常发挥效用而发生的各种费用，一般涉及土地使用有关的费用、与项目建设有关的费用、与生产经营有关的费用、各项财务费用和预备费用等。具体包括土地使用费、业主单位管理费、生产准备费、科研勘察设计费等。

(1)土地使用费即土地征用和安置补偿费，是指国家有关规定所应支付的土地补偿费、被征用土地上的房屋、树木、青苗等附着物补偿费、移民安置补助费等。对于水利水电工程还应包括水库淹没处理补偿费等。

(2)业主单位管理费是指业主单位在工程项目筹建和建设期间进行管理工作所需的各项费用，包括开办费、经费、项目管理费和联合运转费等。

(3)生产准备费包括生产部门提前进场费、生产人员培训费、管理用具购置费和备品备件购置费等。

(4)科研勘察设计费是指为工程项目提供或验证设计数据、资料而进行必要的研究试验所需的各种费用，以及为工程项目进行可行性研究、勘察和设计所需的各种费用。

(5)预备费包括基本预备费和涨价预备费两种：①基本预备费是指在项目实施中可能发生难以预料的支出、需要预先预留的费用，其主要是指设计变更及施工过程中可能增加工程量的费用；②涨价预备费是指工程项目在建设期内由于价格等变化引起投资增加、需要事先预留的费用。

5.2 工程项目费用估算

5.2.1 工程项目费用估算的内涵

5.2.1.1 工程项目费用估算的概念

工程项目费用估算是对完成工程项目各项活动所必需资源费用的估算。它是项目决策、资金筹集、评标定标的依据，是承包商报价的基础，是工程项目进度计划编制的依据，是工程项目资源安排的依据，是费用控制即工程项目绩效考评的依据。

5.2.1.2　工程项目费用估算的分类

工程项目在其形成过程中一般要经历决策、规划设计、采购、招投标、实施及结束几个阶段。各阶段都以一个或多个可交付成果作为标志。针对各阶段特定的成本管理任务，需要分阶段编制费用估算。因此，费用估算是贯穿工程项目整个生命周期的一种活动。同时，由于各阶段所具备的条件和掌握的资料越来越丰富，确定性条件越来越多，费用估算的精度也随之提高。

关于费用估算的类型有多种划分方法。我国建设项目习惯上分为投资规划估算、设计概算和施工图预算 3 种类型。

(1)投资规划估算。投资规划估算是指在投资决策阶段，对项目从前期准备工作开始到项目全部建成投产为止所发生费用的估算。

(2)设计概算。设计概算是指在初步设计阶段，由设计单位根据初步设计图纸预先计算和确定项目从筹建到竣工验收、交付使用的全部建设费用。当设计阶段包括技术设计时，则需编制修正概算。

(3)施工图预算。施工图预算也称为设计预算，是指在施工图设计阶段依据施工图设计确定的建筑安装工程费用。

5.2.2　工程项目费用估算的过程

图 5-4 为工程项目费用估算过程，输入部分包括工作分解结构、历史资料、范围说明、资源计划及活动时间估算，其所采用的工具及技术是费用估算的重点。

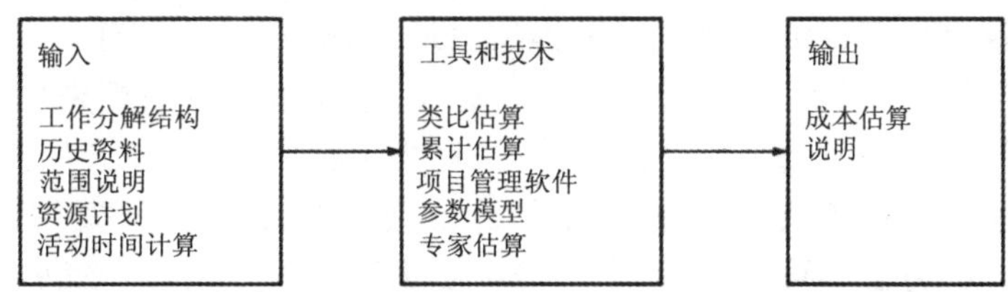

图 5-4　工程项目费用估算过程

5.2.3　工程项目费用估算的方法

工程项目费用估算的方法很多，根据阶段不同、可供参考的资料和数据多寡与详尽程度、人员的业务能力、阅历和素质等，常用的方法有类比估算、累计估算、详细估算、参数模型预测、专家估算和工程项目管理软件估算等。

1)类比估算

类比估算又称自上而下的费用估算。其基础是收集到的上层和中层管理人员经验判断,及可以获得的类似工程项目的历史数据。这种技术路线通常适用于项目信息详细程度有限,如项目早期阶段、项目建议书阶段、可行性研究阶段。此时,由于仅确定了初步的工作分解结构图,分解层次少,很难将工程项目的基本单元详细列出来。因此,费用估算的基本对象可能就是整个项目或其中的子项目,估算精度较差。

自上而下的费用估算与自上而下的费用预算的主要区别是:自上而下的预算是将成本从工作分解结构的上部向下部依次分配、传递,直至 WBS(Work Break down Structure,工作分解法又称工程分解结构,在国外被简称为“WBS”)的最底层。而自上而下的估算实际上是以工程项目成本费用整体为估算对象,因 WBS 的上部成本已包括下部组成部分的成本,因此,费用估算停留在 WBS 的上部层次,不再具体详细估算底层部分的费用。

2)累计估算

累计估算又称自下而上的费用估算,其做法是:先估算各个工作单元的费用,然后自下而上将各个估算结果汇总,算出项目费用总和。采用这种技术路线的前提是项目信息确定了 WBS 分解的每一个工作包分解的工作任务,对较小的活动单元能做出较准确的估算。

这种技术路线一般适合在项目详细设计完成后采用,如设计概算的编制。

3)详细估算

详细估算也称工程估算法。当工程项目进展到一定程度,有设计图纸及设备清单,能够详细计算出各工作单元的工作量时,可采用详细估算来估算项目的费用。详细估算也是一种自下而上的估算,又称为工程估算法,要求对工程项目每一个环节的费用都要逐项落实,分别详细估算。这种方法耗时长、费用高,但其准确程度也是前几种方法不可比拟的。

详细估算中比较具有代表性的方法是施工项目费用估算的实物法。

实物法编制估算就是首先计算出各工作单元的工作量,然后根据经验或消耗定额计算各工作单元的资源消耗量,包括各种材料、人工、机械台班的消耗数量,再将各种资源的消耗量汇总,最后以资源的实物消耗量乘以相应的当时当地的实际单价来计算人工费、材料费和机械使用费,汇总得到工作单元的直接工程费。在此基础上计算措施费、间接费,最后汇总得到项目总施工费用。

实物法的特点是根据市场竞争情况确定资源的单价及各种取费率,能比较准确地反映估算时各种材料、人工、机械台班的价格水平。在市场价格变动较大的情况下,用实物法计算直接工程费比较恰当。但实物法要求搜集当时当地各种材料、人工、机械台班单价,要汇总各种材料、人工、机械台班耗用量,因此工作量大。

4)参数模型预测

参数模型预测是把工程项目的一些特征作为参数(如居民用房成本是以每平方米居住面积的成本作为参数),通过建立一个数学模型预测项目总成本费用。选择使用这种方法的前提是:①用来建模时的历史数据是精确的;②用来建模的参数容易定量化;③模型对大型项目适用,对小型项目也适用。

5)专家估算

专家估算是以专家为索取信息的对象,组织专家运用专业的经验和理论对工程项目的费用进行估算。这里的专家是指具有专门知识或经过专业培训的团体或个人,专家的可能来源为执行组织中的其他单位、咨询人员、专业和技术协会等。

专家估算包括多种方法,主要有专家个人判断法、专家会议法及德尔菲法。

6)工程项目管理软件估算

一些工程项目管理软件被广泛应用于费用估算。这些软件可简化工程项目成本估算的方法,便于对更多的工程项目方案进行快速计算。

费用估算的结果包括费用估算和费用估算的说明。费用估算是对项目各项活动所需资源成本的定量估算,这些估算以简略或详细形式表示。对项目所需的所有资源的成本费用均需加以估算,包括劳力、材料和其他内容。费用估算通常以现金单位表示,以便于项目部分的比较,也可用“人×天”这样的单位。

工程项目费用估算是一个不断优化的过程。随着项目的进展和相关详细资料的不断变化更新,应该对原有费用估算做出相应的修正。

5.3　工程项目费用计划

5.3.1　工程项目费用计划的内涵

5.3.1.1　工程项目费用计划的含义

工程项目费用计划编制是一项制定费用控制标准的工程项目管理活动。工程项目费用计划也称费用预算，是指在对工程项目所需费用总额做出合理估算的前提下，为了确定项目实施执行情况的基准而把整个费用分配到各个工作单元上的过程。工程项目费用计划是工程项目建设全过程中进行费用控制的基本依据。

它是将批准的项目总的费用估算分配到工程项目各项具体的工作与活动，进而确定、测量工程项目实际执行情况的费用基准。

5.3.1.2 工程项目费用计划的类型

对于一个施工项目而言，其费用计划的编制是一个不断深化的过程。在这一过程的不同阶段形成的深度和作用不同的费用计划，按其作用的不同可分为以下三类。

1)竞争性费用计划

竞争性费用计划即工程项目投标及签订合同阶段的估算费用计划。这类费用计划是以招标文件中的合同条件、投标人须知、技术规程、设计图纸和招标工程量清单等为依据，以有关计价规范为基础，结合市场调研和现场考察获得的情况，根据本企业的工料消耗标准、水平、价格资料和费用指标，对本企业完成招标工程所需要支出的全部费用的估算。在投标报价过程中，虽也着力考虑降低费用的途径和措施，但总体上较为粗略。

2)指导性费用计划

指导性费用计划即选派项目经理阶段的预算费用计划，是项目经理的责任费用目标。它是以合同标书为依据，按照企业的预算定额标准制订的设计预算费用计划，且一般情况下只是确定责任总费用指标。

3)实施性费用计划

实施性费用计划即项目施工准备阶段的施工预算费用计划，它以项目实施方案为依据，以落实项目经理责任目标为出发点，采用企业的施工定额通过施工预算的编制而形成的实施性施工费用计划。

以上三类费用计划互相衔接和不断深化，构成了整个工程项目费用的计划过程。其中，竞争性计划费用带有成本战略的性质，是项目投标阶段商务标书的基础，而有竞争力的商务标书又是以其先进合理的技术标书为支撑的。因此，它奠定了施工成本的基本框架和水平。指导性计划费用和实施性计划费用都是战略性费用计划的进一步展开和深化，是对战略性费用计划的战术安排。此外，根据项目管理的需要，实施性费用计划又可按施工费用组成、子项目组成以及工程进度分别编制施工费用计划。

5.3.2　工程项目费用计划的编制程序

施工项目的费用计划工作是一项非常重要的工作，不应仅仅把它看作是几张计划表的编制，更重要的是项目成本管理的决策过程，即选定技术上可行、经济上合理的最优降低成本方案。同时，通过费用计划把目标成本层层分解，落实到施工过程的每个环节，以调动全体职工的积极性，有效地进行成本控制。编制费用计划的程序，因项目的规模大小、管理要求不同而不同，大中型项目一般采用分级编制的方式，即先由各部门提出部门费用计划，再由项目经理部汇总编制全项目工程的费用计划；小型项目一般采用集中编制的方式，即由项目经理部先编制各部门费用计划，再汇总编制全项目的费用计划。无论采用哪种方式，其编制的基本程序如下。

5.3.2.1　搜集和整理资料

广泛搜集资料并进行归纳整理是编制费用计划的必要步骤。所需搜集的资料就是编制费用计划的依据。这些资料主要包括以下几个方面：

(1)国家和上级部门有关编制费用计划的规定；

(2)项目经理部与企业签订的承包合同及企业下达的费用降低额、降低率和其他有关技术经济指标；

(3)有关费用预测、决策的资料；

(4)施工项目的施工图预算、施工预算；

(5)施工组织设计；

(6)施工项目使用的机械设备生产能力及其利用情况；

(7)施工项目的材料消耗、物资供应、劳动工资及劳动效率等计划资料；

(8)计划期内的物资消耗定额、劳动工时定额、费用定额等资料；

(9)以往同类项目费用计划的实际执行情况及有关技术经济指标完成情况的分析资料；

(10)同行业同类项目的费用、定额、技术经济指标资料及增产节约的经验和有效措施；

(11)本企业的历史先进水平和当时的先进经验及采取的措施；

(12)国外同类项目的先进费用水平情况等资料。

此外，还应深入分析当前情况和未来的发展趋势，了解影响费用升降的各种有利和不利因素，研究克服不利因素和降低费用的具体措施，为编制费用计划提供丰富、具体和可靠的费用资料。

5.3.2.2 估算计划费用，即确定目标费用

掌握了丰富的资料，并加以整理分析，特别是在对基期费用计划完成情况进行分析的基础上，根据有关的设计、施工等计划，按照工程项目应投入的物资、材料、劳动力、机械、能源及各种设施等，结合计划期内各种因素的变化和准备采取的各种增产节约措施，进行反复测算、修订、平衡后，估算生产费用支出的总水平，进而提出全项目的费用计划控制指标，最终确定目标成本。确定目标成本以及把总的目标分解落实到各相关部门、班组大多采用工作分解法。

工作分解法又称工程分解结构，在国外被简称为 WBS(Work Break down Structure)，它的特点是以施工图设计为基础，以本企业做出的项目施工组织设计及技术方案为依据，以实际价格和计划的物资、材料、人工、机械等消耗量为基准，估算工程项目的实际成本费用，据以确定费用目标。具体步骤是：首先把整个工程项目逐级分解为内容单一，便于进行单位工料成本估算的小项或工序，然后按小项自下而上估算、汇总，从而得到整个工程项目的估算。此外，估算汇总后还要考虑风险系数与物价指数，对估算结果加以修正。

利用上述 WBS 系统在进行费用估算时，工作划分得越细、越具体，价格的确定和工程量估计越容易，工作分解自上而下逐级展开，费用估算自下而上，将各级费用估算逐级累加，便得到整个工程项目的费用估算。在此基础上分级分类计算的工程项目的费用，既是投标报价的基础，又是费用控制的依据，也是和甲方工程项目预算做比较和进行盈利水平估计的基础。

5.3.2.3 编制费用计划草案

对大中型项目，经项目经理部批准下达费用计划指标后，各职能部门应充分发动群众进行认真的讨论，在总结上期费用计划完成情况的基础上，结合本期计划指标，找出完成本期计划的有利和不利因素，提出挖掘潜力、克服不利因素的具体措施，以保证计划任务的完成。为了使指标真正落实，各部门应尽可能地将指标分解落实下达到各班组及个人，使得目标成本的降低额和降低率得到充分讨论、反馈、再修订，使费用计划既能够切合实际，又成为群众共同奋斗的目标。

各职能部门也应认真讨论项目经理部下达的费用控制指标，拟定具体实施的技术经济措施方案，编制各部门的费用预算。

5.3.2.4　综合平衡，编制正式的费用计划

在各职能部门上报了部门费用计划和预算后，项目经理部首先应结合各项技术经济措施，检查各计划和费用预算是否合理可行，并进行综合平衡，使各部门计划和费用预算之间相互协调、衔接；其次，要从全局出发，在保证企业下达的成本降低任务或本项目目标成本实现的情况下，以生产计划为中心，分析研究费用计划与生产计划、劳动工时计划、材料成本与物资供应计划、工资成本与工资基金计划、资金计划等的相互协调平衡。经反复讨论多次综合平衡，最后确定的费用计划指标，即可作为编制费用计划的依据，项目经理部正式编制的费用计划，上报企业有关部门后即可正式下达至各职能部门执行。

5.3.3　工程项目费用计划的编制方法

工程项目费用计划的编制以费用预测为基础，关键是确定目标费用。一般情况下，工程项目费用计划总额应控制在目标费用的范围内，并建立在切实可行的基础上。工程项目总费用目标确定之后，还需通过编制详细的实施性工程项目费用计划把目标费用层层分解，落实到施工过程的每个环节，有效地进行费用控制。工程项目费用计划的编制方式有：按工程项目成本构成编制施工费用计划；按工程项目组成编制工程项目费用计划；按工程项目进度编制工程项目费用计划。

以上 3 种编制工程项目费用计划的方式并不是相互独立的，在实践中，往往是将这几种方式结合起来使用，从而可以取得扬长避短的效果。

5.3.3.1　按工程项目费用构成编制工程项目费用计划

目前我国的建筑安装工程费由直接费、间接费、利润和税金组成。工程项目费用可以按成本组成分解为人工费、材料费、施工机具使用费、企业管理费等。如图 5-5 所示，可以按工程项目费用构成编制工程项目费用计划。

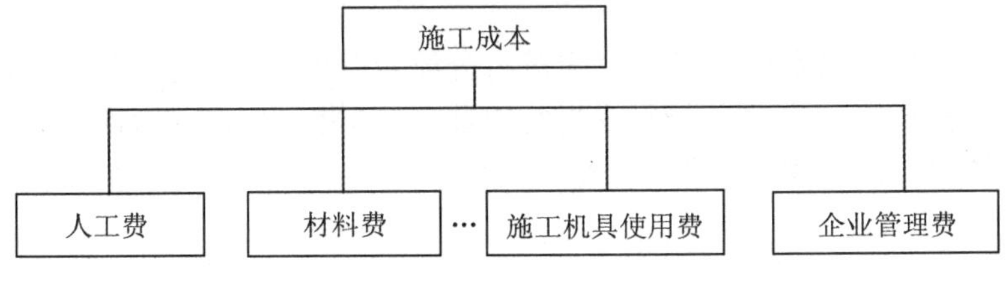

图 5-5　按工程项目费用构成分解

5.3.3.2 按工程项目组成编制工程项目费用计划

大中型工程项目通常是由若干单项工程构成的，而每个单项工程包括了多个单位工程，每个单位工程又是由若干个分部分项工程所构成。因此，首先要把项目总施工成本分解到单项工程和单位工程中，再进一步分解到分部工程和分项工程中。

某施工承包企业将其承接的公路项目的目标总费用，分解为桥梁工程费用、隧道工程费用、道路工程费用等子项，并编制相应的费用计划，如图 5-6 所示。

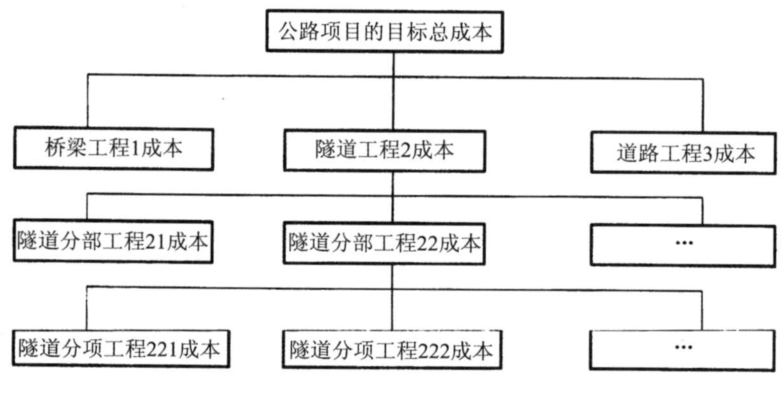

图 5-6　按工程项目组成分解

5.3.3.3 按工程项目进度编制工程项目费用计划

按工程项目进度编制工程项目费用计划，通常可在控制项目进度网络图的基础上，进一步扩充得到。在编制网络计划时，应在充分考虑进度控制对项目划分要求的同时，还要考虑确定工程项目费用支出计划对项目划分的要求，做到二者兼顾。

通过对工程项目费用目标按时间进行分解，在网络计划的基础上，可获得项目进度计划的横道图。在此基础上编制费用计划，其表示方式有两种：一种是在时标网络图上按月编制的费用计划，如图 5-7 所示；另一种是利用时间—成本累积曲线（S 形曲线）表示，如图 5-8 所示。

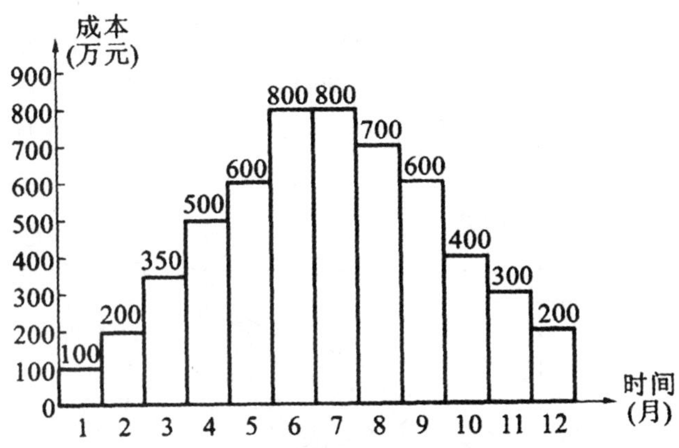

图 5-7　时标网络图上按月编制的费用计划

时间—成本累积曲线(S 形曲线)的绘制步骤如下：

(1)确定工程项目进度计划，编制进度计划的横道图；

(2)根据每单位时间内完成的实物工程量或投入的人力、物力和财力，计算单位时间(月或旬)的成本，在时标网络图上按时间编制费用支出计划；

(3)计算规定时间 t 计划累计支出的成本额，其计算方法为：各单位时间计划完成的成本额累加求和，可按下式计算：

$$Q_t = \sum_{n=1}^{t} q_n$$

式中：Q_t——某时间 t 内计划累计支出成本额；

q_n——单位时间行的计划支出成本额。

(4)按各规定时间的 Q 值，绘制 S 形曲线，如图 5-8 所示。

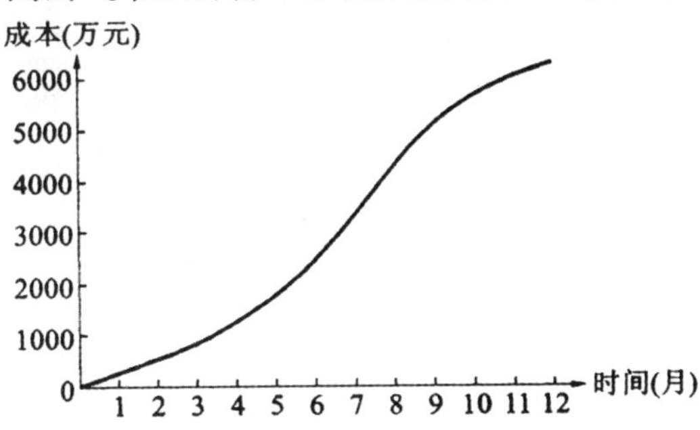

图 5-8　时间—成本累积曲线(S 形曲线)

每一条S形曲线都对应某一特定的工程进度计划。S形曲线(成本计划值曲线)必然包络在由全部工作都按最早开始时间开始和全部工作都按最迟必须开始时间开始的曲线所组成的“香蕉图”内。项目经理可通过调整非关键线路上的工序项目的最早或最迟开工时间,力争将实际的费用支出控制在计划的范围内,如图5-9所示。

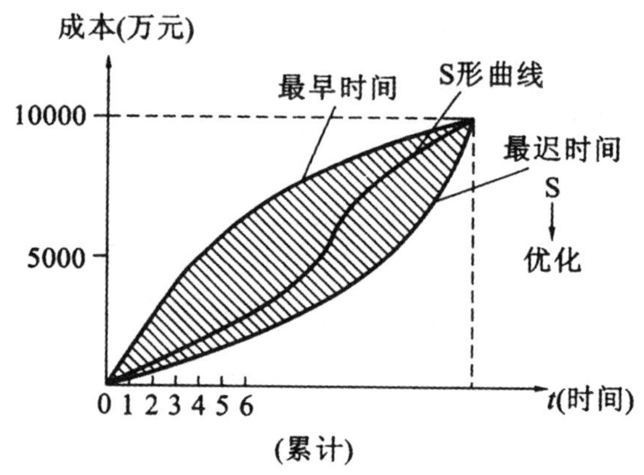

图5-9 香蕉形曲线图

一般而言,所有工作都按最迟开始时间开始,对节约资金贷款利息是有利的,但同时也降低了项目按期竣工的保证率。

第6章 工程项目质量与安全管理技术

建筑工程与人们的生产生活密切相关,建筑工程施工安全及质量管理是建筑工程项目整体质量的重要保障,不仅关系到建筑行业的发展,而且关系到社会的稳定和和谐。本章是对工程项目质量与安全管理技术的研究,着重论述了工程项目质量管理、工程项目质量控制及工程项目安全管理。

6.1 工程项目质量管理

6.1.1 工程项目质量管理概述

6.1.1.1 工程项目质量管理的内涵

1)质量的概念

《质量管理体系标准》(GB/T 19000—2000)对“质量”的定义是:一组固有特性满足要求的程度。它不仅是指产品质量,也可以是某项活动或过程的工作质量,还可以是质量管理体系的运行质量。项目质量是指项目满足要求的程度。

现代意义的质量主要是指工程(产品)本身的质量,还包括工序质量和工作质量。工序质量是指把影响建筑产品质量形成的因素控制并限定在一定程度及范围内。它包括两方面内容:一是工序活动条件的质量;二是工序活动效果的质量。工作质量是指建筑施工企业为生产用户满意的建筑工程(产品)所做的领导工作、组织管理工作、生产技术工作以及后勤服务等方面工作的质量。工作质量决定工序质量,工序质量决定工程(产品)质量。

2)建设工程项目质量管理的概念

《质量管理体系标准》(GB/T 19000—2000)对“质量管理”的定义是:在质量方面指挥和控制组织的协调活动。在质量方面的指挥和控制活动通常包括制定质量方针、质量目标以及质量策划、质量保证和质量改进。质量管理的首要任务是确定质量方针、目标和职权,核心是建立有效的质量管理体系,通过具体的质量策划、质量控制、质量保证和质量改进,确保质量方针、目标的实现。

质量方针是由项目组织的最高管理者正式发布的该项目总的质量宗旨和质量方向,是实施和改进项目质量管理体系的推动力。质量方针提供了质量目标制定和评审的框架,是评价质量管理体系有效性的基础。

《质量管理体系标准》(GB/T 19000—2000)对“质量策划”的定义是:质量管理的一部分,致力于制定质量目标并规定必要的运行过程和相关资源,以实现质量目标。

6.1.1.2 工程项目施工质量的影响因素

施工质量的影响因素主要有人(Man)、材料(Material)、机械(Machine)、方法(Method)及环境(Environment)五大方面,即“4M1E”。

1)人的因素

这里讲的“人”,是指直接参与施工的决策者、管理者和作业者。人的因素影响主要是指上述人员个人的质量意识及质量活动能力对施工质量造成的影响。我国实行的执业资格注册制度和管理及作业人员持证上岗制度等,从本质上说,就是对从事施工活动的人的素质和能力进行必要的控制。在施工质量管理中,人的因素起决定性的作用。因此,施工质量控制应以控制人的因素为基本出发点。作为控制对象,人的工作应避免失误;作为控制动力,应充分调动人的积极性,发挥人的主导作用。必须有效控制参与施工的人员素质,不断提高人的质量活动能力,这样才能保证施工质量。

2)材料的因素

材料包括工程材料和施工用料,也包括原材料、半成品、成品、构配件等。各类材料是工程施工的物质条件,材料质量是工程质量的基础,材料质量不符合要求,工程质量就不可能达到标准。加强对材料的质量控制,是保证工程质量的重要基础。

3)机械的因素

机械设备包括工程设备、施工机械设备。工程设备是指组成工程实体的工艺设备和各类机具，如各类生产设备、装置和辅助配套的电梯、泵机，以及通风空调、消防、环保设备等。它们是工程项目的重要组成部分，其质量的优劣直接影响着工程使用功能的发挥。施工机械设备是指施工过程中使用的各类机具设备，包括运输设备、吊装设备、操作工具、测量仪器、计量器具以及施工安全设施等。施工机械设备是所有施工方案和工法得以实施的重要物质基础，合理选择和正确使用施工机械设备是保证施工质量的重要措施。

4)方法的因素

施工方法包括施工技术方案、施工工艺、工法和施工技术措施等。从某种程度上说，技术工艺水平的高低，决定了施工质量的优劣。采用先进合理的工艺、技术，依据规范的工法和作业指导书进行施工，必将对组成质量因素的产品精度、平整度、清洁度、密封性等物理、化学特性等方面起到良性的推进作用。例如近年来，住房和城乡建设部(原建设部)在全国建筑业中推广应用的 10 项新技术，包括地基基础和地下空间工程技术、混凝土技术、钢筋和预应力技术、模板及脚手架技术、钢结构技术、建筑防水技术等，对确保建筑工程质量和消除质量通病起到了积极作用，收到了明显的效果。

5)环境的因素

环境的因素主要包括现场自然环境因素、施工质量管理环境因素和施工作业环境因素。环境因素对工程质量的影响，具有复杂多变和不确定性的特点。

(1)现场自然环境因素主要是指工程地质、水文、气象条件和周边建筑、地下障碍物以及其他不可抗力等对施工质量的影响因素。例如，在地下水位高的地区，若在雨期进行基坑开挖，遇到连续降雨或排水困难，就会引起基坑塌方或地基受水浸泡影响承载力等；在寒冷地区冬期施工措施不当，工程会因受到冻融而影响质量；在基层未干燥或大风天进行卷材屋面防水层的施工，就会导致粘贴不牢及空鼓等质量问题。

(2)施工质量管理环境因素主要是指施工单位质量保证体系、质量管理制度和各参建施工单位之间的协调等因素。根据承发包的合同结构，理顺管理关系，建立统一的现场施工组织系统和质量管理的综合运行机制，确保质量保证体系处于良好的状态，创造良好的质量管理环境和氛围，是施工顺利进行、提高施工质量的保证。

(3)施工作业环境因素主要是指施工现场的给排水条件，各种能源介质供应，施工照明、通风、安全防护设施，施工场地空间条件和通道，以及交通运输和道路条件等因素。这些条件是否良好，直接影响着施工能否顺利进行，以及施工质量能否得到保证。

6.1.2　工程项目质量管理体系的建立

6.1.2.1　工程项目质量管理体系的概念

目前许多企业都进行或已经通过ISO 9000认证，建立企业的质量体系，它包括质量管理的所有要素。属于ISO 9000族的关于项目管理的质量标准为《质量管理——项目管理质量指南》(国际标准ISO 10006)。为了达到项目质量目标，必须制定整个建设工程项目的质量管理体系，在工程过程中按照质量管理体系进行全面控制。由于建设工程项目的特殊性，企业的质量体系与项目的质量体系既有联系又有区别。

企业的质量体系体现在质量保证手册中，包括企业的质量方针政策、质量目标、质量要求、质量工作计划、质量检查规定、质量管理工作程序、质量标准等。

建设工程项目管理作为企业管理的一部分，它的质量管理体系的许多内容，应与企业相同。但建立项目的质量管理体系还应符合如下几个方面的基本要求：

(1)由于建设工程项目的参加者很多，它的质量管理体系既要有一致性又要有包容性。最重要的是：满足项目目标的要求，满足业主及用户明确和隐含的需要，使他们满意。通常工程项目应尽可能采用业主所要求的质量体系和程序，这最容易为业主接受。

(2)项目质量管理体系应当是项目管理系统的组成部分，应反映在合同、项目实施计划、项目管理规范中，应植根于项目组织中。

(3)通过规划好的一系列互相关联的过程来实施项目，包括项目实施过程和项目管理过程。通过严密的、全方位的控制，保证过程和产品的质量都满足项目的目标。

(4)项目经理必须创建良好的质量环境，包括：建立项目管理组织机构，以满足项目需要；依据报告和有关实际情况的信息作决策；根据实施状况和信息做出对工程质量的评价；项目的质量体系应为参加项目的所有人员了解，并贯彻到每个人的工作中，使他们都参与保证项目过程和项目产品的质量工作；与承包商、供应商和其他项目参加者建立互利的双赢关系，以调动各方面质量管理的积极性。

(5)质量体系应有自我持续改进的功能，项目经理应负责持续改进工作，包括：应保证有质量管理能力和资质的人员监测及控制项目实施过程，采取纠正和预防措施，并向他提供必要的技术支持。

(6)应将项目的质量管理过程的文件、程序、验证、记录、评审和审核规范化，达到可追溯性的要求。同时，建立项目信息的收集、存储、更新和检索系统，确保有效地利用这些信息。

(7)为了控制项目的质量，应在项目过程中按照项目的进展状况评价项目达到质量目标的程度，评价过程也是促进改进项目质量的机会。

①应评定质量计划的适宜性及实施工作符合质量计划的程度，应确定和评价对项目目标可能产生不利影响的偏离及风险，应注意工程质量、进度、项目过程、成本的协调性。

②对工程质量的评价应有项目经理负责，并吸收其他相关者参与。

③项目的计划和实施方案中应包括质量的评价目的、评价过程、评价准则及每次评价的要求，并给予足够的时间，以进行测量和评定。项目实施过程中应确保这些工作按计划、按标准进行和结束，并将评价结果记录、整理，按规定时间保存。

④评价结果应及时反馈在后期工作上，确保相应的人员及时获得实际质量信息，及时采取措施。在项目结束时应对项目的质量管理体系的运作进行全面评价。在评价中，应考虑项目过程的所有有关记录，考虑业主或用户及其他相关者的反馈意见，编写相应的评价报告，重点突出能为今后其他项目所利用的经验。

6.1.2.2　建设工程项目质量管理体系的内容

1)建设工程项目质量计划

质量计划的目的主要是确保实现项目的质量目标。它要按照质量目标，确定与项目相关的质量标准，并决定如何满足这些标准。

(1)质量计划编制的依据。

①质量方针。它是对项目的质量目标所做出的一个指导性文件。项目经理部应制定自己的质量方针，它应符合业主(投资者)的要求，并能使大家达成共识。

②项目范围。它主要说明业主(或投资者)的需求以及项目的主要要求和目标、工程的总体范围和项目的主要阶段，它是项目质量计划确定的主要依据和基础。

③工程说明。在项目范围描述中应有项目最终可交付成果的总体描述，这里指的是对其技术性的描述。

④标准和规则，包括工程涉及的专业领域的特殊标准和规则，更加详细的技术要求和其他内容。

⑤其他影响因素，如实施策略、总体的实施安排、采购计划、分包计划等。

(2)质量计划的内容。

①质量管理计划。它主要描述项目经理部应该如何实施其质量方针,包括:要实现的质量目标,应承担的项目工作、要求、责任以及完成的时间等,在计划期内应达到的总的质量指标和用户质量要求,计划期内质量的阶段性具体目标、分段进度、要完成的工作内容、项目实施准备工作、重大技术改进措施、检测等。

②具体操作说明。对于质量计划中一些特殊的要求,需要附加操作说明,包括对它们的解释、详细的操作程序、质量控制关键点的说明、在质量检查中如何度量等问题。

③质量检查表格。检查表格是一种对于项目实施状况进行记录、分析、评价的工具。现在许多企业和大型项目都有标准表格和质量计划执行体系。

(3)质量计划制订的方法和技术。

在质量计划的制订过程中,会用到成本/效益分析方法、因果关系分析图、质量管理工作流程图、统计方法、试验和检测方法等。

2)建设工程项目质量保证

质量保证是为实施达到质量计划要求的所有工作提供基础和可靠的保证,为项目质量管理体系的正常运转提供全部有计划、有系统的活动,以满足项目的质量标准。它应贯穿于项目实施的全过程之中。质量保证是项目团队的工作过程,必须发挥团队的效率。

项目质量保证通常是由项目的质量保证部门或者类似的组织单元提供的。项目质量保证通常不仅给项目管理组织以及实施组织(项目内部)提供质量保证,而且给项目产品或项目服务的用户,以及项目工作所涉及的社会(项目外部)提供质量保证。质量保证涉及与用户的关系,应首先考虑直接用户的需要。

(1)质量保证的依据:①质量管理计划;②质量控制检测的结果,即在项目实施过程中必须按规定作质量控制测试的记录;③操作说明。

(2)质量保证的内容:①质量过程的组织责任。要求项目组织的各层次都对质量做出承诺,对相应的过程和产品负责。②确定对项目质量有重大影响的过程及主要的质量控制点。③列出对质量有影响的参数,确定和量化影响过程。④选择测试、检查方案,分析测试结果。⑤对测试结果进行诊断分析。⑥确定在实施过程中提高质量的措施。⑦提出避免故障、预防偏差的措施,建立质量预警和防错系统,避免操作错误。⑧建立监督系统,保证监督能力,确定监督方法。

(3)质量保证的方法。

①质量审核:其一,质量审核是确定质量活动及其有关结果是否符合质量计划

的安排，以及这些安排是否得到有效贯彻；其二，通过质量审核，保证项目质量符合规定要求，保证设计、实施与组织过程符合规定要求，保证质量体系有效运行并不断完善，提高质量管理水平；其三，质量审核的分类包括质量体系审核（如对承包商和供应商的质量保证体系的审核）、项目质量审核（对材料、工艺的事先认可）、过程（工序）质量审核（如隐蔽过程的验收）、监督审核、内部质量审核、外部质量审核等；其四，质量审核可以是有计划的，也可以是随机的，它可以由专门的审核员或者是第三方质量管理组织进行审核。

②质量改进：要求改变不符合要求的实施结果、实施行为和不正确的实施过程，包括返工、退货、修改质量计划和保证体系等。

3）建设工程项目质量控制

质量控制同样贯穿于项目实施的全过程。它主要是监督项目的实施结果，将项目实施的结果与事先制定的质量标准进行比较，找出它们之间存在的差距，并分析形成这一差距的原因。项目实施的结果包括产品结果（如可交付成果）以及管理结果（如实施的费用和进度）。质量控制虽然是由质量控制部门或类似的质量责任单位主要负责，但必须有各项目组织团队的投入。

（1）质量控制过程：①在项目开始时就采取行动，使用合适的方法，采用合适的措施，有效和系统地按照质量计划和质量保证体系实施项目。②监督、检查、记录和统计实施过程状况。完成对项目质量的各种记录，及时完成各种检查表格。经过检查、对比分析，决定是否接受项目的工作成果，对质量不符合要求的工作责令重新进行（返工）。③分析质量问题的原因。这需要掌握关键工序和控制点的质量判断方法，掌握常见的质量通病和事故产生的原因，并能够确定整改和预防措施。④采取补救和改进质量的措施。使用合适的方法，纠正质量缺陷，排除引起缺陷的原因，以防止再次发生，应确保采取措施的有效性。质量控制和预防措施应着眼于劳动力、工艺、材料、方法和环境等因素的改进。⑤质量管理是一个不断改进的过程，项目经理负责不断改进项目过程和管理过程的质量，应从已完成的项目中寻求项目各过程质量的改进经验和教训，应建立系统信息，收集、分析项目实施期间产生的信息，以便进行持续改进。

（2）质量控制的方法和技术：①检查、度量、考察和测试的方法；②质量控制方法和控制技术，包括控制图、统计分析、流程图、趋势分析方法等。这包括在过去质量管理中经常使用的各种抽样检查、统计方法和质量控制方法。

6.1.2.3 建设工程项目质量管理体系的建立

质量管理体系指在项目实施过程中，为达到预期的质量要求所做出的与实施和管理过程有关的各种规定。其中最主要的有以下几个方面。

1)质量保证大纲

质量保证大纲的目的是提高项目实施和管理过程的有效性，提高工程系统的可用度，降低质量成本，提高工程实施的经济效益。

质量保证大纲包括以下内容：①按项目特点和有关方面的要求，提出明确的质量指标要求；②明确规定技术、计划、合同、质量和物资等职能部门的质量责任；③确定各实施阶段的工作目标；④提出质量控制点和需要进行特殊控制的要求、措施、方法及相应的完成标识和评价标准；⑤对设计、施工工艺和工程质量评审的明确规定。

2)质量计划

质量计划是对特定的项目、服务、合同规定专门的质量措施、资源和活动安排的文件。

3)技术文件

技术文件包括设计文件、工艺文件、研究试验文件，是项目实施的依据和凭证。项目的技术文件应完整、准确、协调一致，项目技术文件、工艺文件与项目实际施工一致，研究试验文件与项目实际过程一致。

为保证每一项目的技术文件的完整性，设计单位、施工单位、项目经理应根据技术文件的管理规定，在实施工作开始时，提出技术文件完整性的具体要求，列出文件目录，并组织实施。

6.2 工程项目质量控制

6.2.1 工程项目质量控制概述

6.2.1.1 质量控制与工程项目质量控制

1)质量控制的概念

根据《质量管理体系标准》(GB/T 19000—2000)的质量术语定义，质量控制是质量管理的一部分，是致力于满足质量要求的一系列相关活动。因此，质量控制就是为了保证产品的质量满足合同、规范、标准和顾客的期望所采取的一系列监督、检查的措施、方法和手段。

2)工程项目的质量控制

在工程项目的建设过程中，对工程项目的质量控制包括三个方面，即政府的质量监督、施工单位的质量控制和监理单位的质量控制。

政府对工程项目的质量控制，是政府为了确保工程项目质量，保障公共卫生，保护人民群众生命和财产，按照法律、法规、技术标准、规范及其他相关管理规定，而实施的一种监督、检查、管理及执法行为，政府的监督管理行为是宏观性质的，具体的技术监督则委托给具有资质的工程质量监督机构进行。政府对工程项目的质量控制，其作用是强制性的，并贯穿于工程项目建设的全过程。在项目的决策阶段，主要是审批(或核准)项目的建议书和可行性研究报告，以及项目的用地数量和场址选择等；在设计阶段，主要是审核设计文件和图纸；在施工阶段，以进行不定期的质量检查为主，对工程项目参与各方行为进行检查，对工程质量进行监督。

施工单位对工程项目的质量控制是受工程承包合同制约的，施工单位必须按照合同要求完成工程项目，提交建设单位所需要的工程产品。为此，施工单位在施工过程中要建立和健全质量保证体系，并使之行之有效，以保证工程项目的质量。

虽然施工单位的职责行为已有承包合同所界定，但是也不排除施工单位在追求自身利益的情况下，忽视工程项目的质量。为了使工程项目能达到要求的质量标准和使用功能，在施工过程中，建设单位还必须对工程项目进行监督与管理。但由于现代工程的复杂性，建设单位依靠自身的力量往往无法对工程项目进行监督与管理，必须委托专业的监理单位，代表建设单位对工程项目的质量进行监督和控制。按照《建设工程质量管理条例》，工程监理单位应当依照法律、法规以及有关技术标准、设计文件和建设工程承包合同，代表建设单位对施工质量实施监理，并对施工质量承担监理责任。

由此可见，在工程项目的实施过程中，政府的质量控制、施工单位的质量控制和监理单位的质量控制是相互关联的，但三者又是不可缺少的。

6.2.1.2　工程项目质量控制的基本程序

工程项目的质量控制应按科学的程序运转，质量控制运转的基本程序是采用 PMRC 循环。

PMRC 循环如图 6-1 所示，共分为四个阶段。

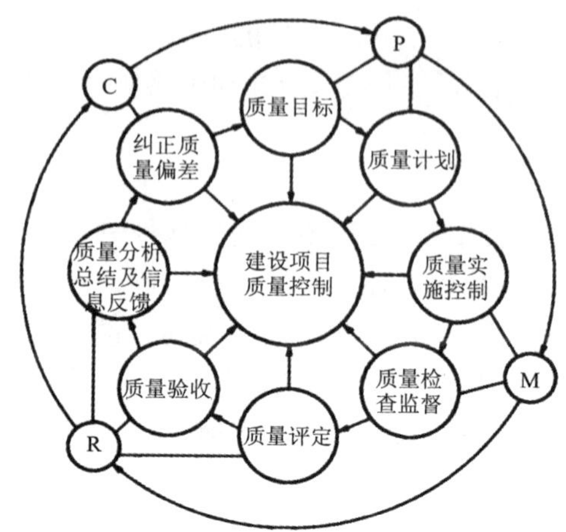

图 6-1　工程项目质量控制的 PMRC 循环示意图

第一阶段:计划阶段(Plan),在这一阶段主要是制订质量目标、实施方案和活动计划。

第二阶段:监督检查阶段(Monitoring),在按计划实施的过程中进行监督检查。

第三阶段:报告偏差阶段(Reporting Deviations),根据监督检查的结果,发出偏差信息。例如监理机构向施工单位发出违规通知、现场通知和指令等。

第四阶段:采取纠正行动阶段(Corrective Action),监理单位检查纠正措施的落实情况及其效果,并进行信息的反馈。

6.2.2　工程项目质量控制的阶段与对策

6.2.2.1　施工项目质量控制的阶段

为了加强对施工项目的质量控制,明确各施工阶段质量控制的重点,可以把施工项目质量分为事前控制、事中控制和事后控制三个阶段。

1)事前质量控制

事前质量控制是指在正式施工前进行的质量控制,其控制重点是做好施工准备工作,且施工准备工作要贯穿于施工全过程中。

(1)施工准备的范围如下:

①全场性施工准备,是以整个项目施工现场为对象而进行的各项施工准备。

②单位工程施工准备,是以一个建(构)筑物为对象而进行的施工准备。

③分项(部)工程施工准备,是以单位工程中的一个分项(部)工程或冬、雨季施工为对象而进行的施工准备。

④项目开工前的施工准备,是在拟建项目正式开工之前所进行的一切准备。

⑤项目开工后的施工准备,是在拟建项目开工以后,每个施工阶段开工之前所进行的施工准备,如混合结构住宅施工,通常包括基础工程、主体工程和装饰工程等施工阶段。每个阶段的施工内容均不相同,其所需的物质技术条件、组织要求和现场布置也不相同,因此,必须做好相应的施工准备工作。

(2)施工准备的内容如下:

①技术准备,包括项目扩大初步设计方案的审查,熟悉和审查项目的施工图纸,项目建设地点的自然条件、技术经济条件调查分析,编制项目施工图预算和施工预算,编制项目施工组织设计等。

②物质准备,包括建筑材料的准备、构配件和制品加工的准备、施工机具的准备和生产工艺的准备等。

③组织准备,包括建立项目组织机构、集结施工队伍、对施工队伍进行入场教育等。

④施工现场准备,包括控制网、水准点、标桩的测量,“五通一平”,生产生活临时设施的准备,组织机具、材料进场,拟定有关试验、试制及技术进步的项目计划,编制季节性施工措施,制定施工现场管理制度等。

2)事中质量控制

事中质量控制是在施工过程中进行的质量控制。

(1)事中质量控制的策略。全面控制施工过程,重点控制工序质量。

(2)事中质量控制的具体措施,包括:工序交接有检查;质量预控有对策;施工项目有方案;技术措施有交底;图纸会审有记录;配置材料有试验;隐蔽工程有验收;计量器具校正有复核;设计变更有手续;钢筋代换有制度;质量处理有复查;成品保护有措施;行使质控有否决(如发现质量异常、隐蔽未经验收、质量问题未处理、擅自变更设计图纸、擅自代换或使用不合格材料、无证上岗未经资质审查的操作人员等问题时,均应对质量予以否决);质量文件有档案(凡是与质量有关的技术文件,如水准、坐标位置,测量、放线记录,沉降、变形观测记录,图纸会审记录,材料合格证明,试验报告,施工记录,隐蔽工程验收记录,设计变更记录,调试、试压记录,试车运转记录,竣工图等均要编目建档)。

3)事后质量控制

事后质量控制是在完成施工过程后形成产品的质量控制,其具体工作内容有:

①组织联动试车；②准备竣工验收资料，组织自检和初步验收；③按规定的质量评定标准和办法，对完成的分项、分部工程以及单位工程进行质量评定；④组织竣工验收；⑤质量文件编目建档；⑥办理工程交接手续。

6.2.2.2 施工项目质量控制的对策

对于施工项目而言，质量控制就是为了确保合同、规范所规定的质量标准，所采取的一系列检测、监控措施、手段和方法。在进行施工项目质量控制的过程中，为确保工程质量，应采取的主要对策有以下几种。

1)以人的工作质量确保工程质量

工程质量是由人(包括参与工程建设的组织者、指挥者和操作者)所创造的。人的政治思想素质、责任感、事业心、质量关、业务能力、技术水平等都会直接影响到工程质量。统计资料表明，88%的质量安全事故都是由于人的失误所造成的。为此，对于工程质量的控制始终应“以人为本”，狠抓人的工作质量，避免人的失误；充分调动人的积极性，发挥人的主导作用，增强人的质量观和责任感，使每个人都能牢牢树立“百年大计，质量第一”的思想，认真负责地做好本职工作，以优异的工作质量来创造优质的工程质量。

2)严格控制投入品的质量

任何一项工程施工，都需要投入大量的各种原材料、成品、半成品、构配件和机械设备，并且还要采用不同的施工工艺和施工方法，这是构成工程质量的基础。如果投入品的质量不符合要求，那么工程质量也就不可能符合标准，所以严格控制投入品的质量，是确保工程质量的前提。为此，对投入品的订货、采购、检查、验收、取样、试验均应进行全面控制，从组织货源，优选供货厂家，直到使用认证，都应做到层层把关。此外，对施工过程中所采用的施工方案也要进行充分论证，做到工艺先进、技术合理、环境协调，这样才有利于安全文明施工，有利于提高工程质量。

3)严格执行《工程建设标准强制性条文》

《工程建设标准强制性条文》是工程建设全过程中的强制性规定，具有强制性和法律效力。它是参与建设各方主体执行工程建设强制性标准的依据，也是政府对执行工程建设强制性标准情况实施监督的依据。严格执行《工程建设标准强制性条文》，是贯彻《建设工程质量管理条例》和现行建筑工程施工质量验收规范、标准的有力保证；是确保工程质量和施工安全的关键；是规范建设市场，完善市场运行执行，依法经营、科学管理的重大举措。

4)全面控制施工过程,重点控制工序质量

任何一个工程项目都是由分项工程和分部工程组成的,要确保整个工程项目的质量,达到整体优化的目的,就必须全面控制施工过程,使每个分项、分部工程都符合质量标准。而每个分项、分部工程又都是通过一道道工序来完成的,由此可以看出,工程质量是在工序中创造的。为此,要确保工程质量就必须重点确保工序质量,对每一道工序的质量都必须进行严格的检查,如果上一道工序质量不符合要求,则决不允许进入到下一道工序施工。这样,只要每一道工序质量都符合要求,整个工程项目的质量就必然能够得到保证。

5)贯彻“以预防为主”的方针

“以预防为主”,防患于未然,把质量问题消灭于萌芽之中,这是现代化管理的观念。预防为主,就是要加强对影响质量因素的控制以及对投入品质量的控制;就是要从对质量的事后检验把关,转向对质量的事前控制、事中控制;就是要从对产品质量的检查,转向对工作质量的检查、对工序质量的检查,以及对中间产品的检查。这些是保证施工质量的有效措施。

6)严把检验批质量检验评定关

检验批的质量等级是分项工程、分部工程、单位工程质量等级评定的基础。如果检验批的质量等级不符合质量标准,则分项工程、分部工程、单位工程的质量也就不可能评为合格。而检验批质量等级评定的正确与否,将会直接影响到分项工程、分部工程、单位工程质量等级的真实性和可靠性。为此,在进行检验批质量检验评定时,一定要坚持质量标准,严格检查,用数据说话,避免出现第一、第二判断错误。

7)严防系统性因素的质量变异

使用不合格的材料、违反操作规程、混凝土达不到设计强度等级、机械设备发生故障等均属于系统性因素,该因素必然会造成不合格产品或工程质量事故。系统性因素具有易于识别、易于消除的特点,是可以避免的。只要我们增强质量观念,提高工作质量,精心施工,完全可以预防系统性因素引起的质量变异。为此,工程质量控制的作用就是把质量变异控制在偶然性因素引起的范围之内,要严防或杜绝由系统性因素引起的质量变异,以免造成工程质量事故。

6.3 工程项目安全管理

6.3.1 工程项目安全管理的概述

6.3.1.1 工程项目安全管理的概念

建设工程施工项目安全管理(简称项目安全管理)是指确定建设工程安全生产方针及实施安全生产方针的全部职能及工作内容,并对其工作效果进行评价和改进的一系列工作。它包含了建设工程在施工过程中组织安全生产的全部管理活动,即通过对生产要素过程控制,使生产要素的不安全行为和不安全状态得以减少或控制,达到消除和控制事故、实现安全管理的目标。

项目安全管理是安全管理原理和方法在建设工程领域的具体应用,一般是指建设项目的参与主体(包括建设单位、施工单位以及业主委托的监理机构、中介组织等)以安全管理法律法规、标准为指南,运用现代管理理论与方法,通过人、物(机)、环境等系统的协调管理和全过程动态控制,防范和遏制重特大安全事故,防止和减少违章指挥、违规作业、违反劳动纪律的行为,使工程建设过程中的各种事故风险和伤害因素处于有效控制的安全状态,切实保护参与建设人员的生命安全和身体健康。

6.3.1.2 工程项目安全管理的基本方针

我国《建筑法》和《安全生产法》都规定,工程建设安全生产,坚持“安全第一、预防为主”的方针。

所谓“安全第一”,是指在生产经营管理中,在处理保证安全与实现生产经营活动的其他各项目标的关系上,要始终把安全,特别是从业人员和其他人员的人身安全放在首要的位置,实现“安全优先”的原则,在确保安全的前提下,再来努力实现生产经营的其他目标。

所谓“预防为主”,是指对安全生产的管理,主要不是放在发生事故后去组织抢救、进行事故调查、找原因、追究责任、堵漏洞,而是要谋事在先,尊重科学,探索规律,采取有效的事前控制措施,千方百计地预防事故的发生,做到防患于未然,将事故消灭在萌芽状态。虽然人类在生产活动中还不可能完全杜绝安全事故的发生，但只有重视思想，预防措施得当，事故特别是重大事故的发生还是可以大大减少的。

根据这一基本方针，当前在工程建设领域已经比较成熟的安全生产管理制度有安全生产责任制度，群防群治制度，教育培训制度，市场准入制度，检查、监督及奖惩制度和"三同时"制度。

6.3.2　工程项目安全管理的基本制度

6.3.2.1　工程项目安全管理责任制度

所谓安全管理责任制度，是指将各项保障生产安全的责任具体落实到各相关管理人员和不同岗位人员身上的制度。在建筑活动中，只有明确安全责任，分工负责，才能形成完整有效的安全管理体系，激发每个人的安全责任感，严格执行建筑工程安全的法律、法规和安全规程、技术规范，防患于未然，减少和杜绝建筑工程事故，为建筑工程的生产创造一个良好的环境。安全责任制度的主要内容包括从事建筑活动的企业负责人的责任、各级管理人员的责任和从业人员的责任。

1)企业负责人的责任

安全生产工作是企业管理的重要内容。相关法律规定从事建筑活动企业的安全生产工作应由企业负责人总负责，这既是对本企业的责任，也是对社会应负的责任。《安全生产法》规定，生产经营单位的主要负责人对本单位安全生产工作负有下列职责：

(1)建立、健全本单位安全生产责任制。

(2)组织制定本单位安全生产规章制度和操作规程。

(3)保证本单位安全生产投入的有效实施。

(4)督促、检查本单位的安全生产工作，及时消除生产安全事故隐患。

(5)组织制定并实施本单位的生产安全事故应急救援预案。

(6)及时、如实地报告生产安全事故。对于满足安全生产必备条件所必需的资金投入，由生产经营单位的决策机构、主要负责人或个人经营的投资人予以保证，并对因必需资金投入不足而导致的后果承担责任。

2)各级管理人员的责任

结合建筑企业及工程建设的特点，相关法规对各级管理人员的责任也做出了明确规定。

(1)企业总工程师(技术负责人)对本企业劳动保护和安全生产的技术工作负总的责任。

(2)项目经理、施工队长、车间主任应对本单位劳动保护和安全生产工作负具体领导责任。

(3)工长、施工员对所管工程的安全生产负直接责任。

(4)企业中的生产、技术、材料等各职能机构,都应在各自业务范围内,对实现安全生产的要求负责。

(5)企业应根据实际情况,建立安全机构,并按照职工总数配备相应的专职人员,负责安全生产管理工作和安全监督检查工作。其主要职责如下:

①贯彻执行相关安全技术劳动保护法规;

②做好安全生产的宣传教育和管理工作,总结交流推广经验;

③经常深入基层,指导下级安全技术人员的工作,掌握安全生产情况,调查研究生产中的不安全问题,提出改进意见和措施;

④组织安全活动和定期安全检查;

⑤参加审查施工组织设计(施工方案)和编制安全技术措施计划,并对贯彻执行情况进行督促检查;

⑥与相关部门共同做好新工人、特殊工种工人的安全技术训练、考核、发证工作;

⑦进行工伤事故统计、分析和报告,参加工伤事故的调查和处理;

⑧禁止违章指挥和违章作业,遇有严重险情,有权暂停生产,并报告领导处理。

3)从业人员的责任

从业人员是指生产经营单位中从事生产安全经营活动的人员,包括直接操作人员、工程技术人员、管理人员、服务人员等。由于安全生产贯穿于生产全过程,依赖于每道工序、每个人的有机衔接和有效配合,每个从业人员的行为都直接关系到安全生产的实施与成效。因此,每个从业人员也都要从自身角度对本单位的安全生产承担责任。

《安全生产法》规定,从业人员应承担的主要职责如下:

(1)作业过程中,应严格遵守本单位的安全生产规章制度和操作规程,服从管理,正确佩戴和使用劳动防护用品;

(2)接受安全生产教育和培训,掌握本职工作所需的安全生产知识,提高安全生产技能,增强事故预防和应急处理能力;

(3)发现事故隐患或其他不安全因素,应立即向现场安全生产管理人员或本单位负责人报告。

6.3.2.2　工程项目安全管理的群防群治制度

《建筑法》规定，建筑工程安全生产管理应坚持群防群治制度。所谓群防群治制度，是指由广大职工群众共同参与的预防安全事故发生、治理各种安全事故隐患的制度。这一制度是群众路线在安全工作中的具体体现。实践证明，搞好安全生产只靠少数人是不行的，必须发动群众，使大家懂得安全生产的重要性，注意安全生产，防患于未然。

从实践中看，建立工程建设安全生产的群防群治制度应做到以下几个方面：

(1)企业制定的有关安全生产管理的重要制度和制定的有关重大技术组织措施计划应提交职工代表大会讨论，在充分听取职工代表大会意见的基础上做出决策，发挥职工群众在安全生产方面的民主管理作用。

(2)要把专业管理同群众管理结合起来，充分发挥职工安全员网络的作用。

(3)发挥工会在安全生产管理中的作用，利用工会发动群众，教育群众，动员群众的力量预防安全事故的发生。

(4)对新职工加强安全教育，对特种作业岗位的工人进行专业安全教育，不经训练，不能上岗操作。

(5)发动群众开展技术革新、技术创造，采用有利于保证生产安全的新技术、新工艺，积极改善劳动条件，努力将不安全的、有害健康的作业变为无害作业。

(6)组织开展遵章守纪和预防事故的群众性监督检查，职工对于违反有关安全生产的法律、法规和建筑行业安全规章、规程的行为有权提出批评、检举和控告。

6.3.2.3　工程项目安全生产的教育培训制度

安全生产的教育培训制度是对广大建筑业干部职工进行安全培训教育，提高安全意识，增加安全知识和技能的制度。安全生产，人人有责。只有通过对广大职工进行安全教育、培训，才能使广大职工真正认识到安全生产的重要性、必要性，才能使广大职工掌握更多更有效的安全生产的科学技术知识，牢固树立安全第一的思想，自觉遵守各项安全生产和规章制度。《安全生产法》对安全生产教育和培训制度的内容有详细规定。

1)安全生产的方针、政策、法律、法规以及安全生产规章制度的教育培训

对所有从业人员都要进行经常性的教育，对于企业各级领导干部和安全管理干部，更要定期培训，使其提高政策、思想水平，熟悉安全生产技术及相关业务，做

好安全工作。

2)安全操作技能的教育和培训

对安全操作技能的教育和培训，我国目前一般采用入厂教育、车间教育和现场教育多环节的方式进行。对于新工人(包括合同工、临时工、学徒工、实习和代培人员)，必须进行入厂(公司)安全教育。教育内容包括安全技术知识、设备性能、操作规程、安全制度和严禁事项，并经考试合格后，方可进入操作岗位。

3)特种作业人员的安全生产教育和培训

特种作业是指容易发生人员伤亡事故，对操作者本人、他人及周围设施的安全有重大危险的作业。根据现行规定，特种作业大致包括电工、金属焊接切割、起重机械、机动车辆驾驶、登高架设、锅炉(含水质化验)、压力容器制作、制冷、爆破等作业。特种作业人员的工作存在的危险因素很多，很容易发生安全事故，因此对他们必须进行专门的培训教育，提高其认识，增强其技能，以减少其失误，这对防止和减少生产安全事故具有重要意义。相关法规规定，对于特殊工种工人，除进行一般的安全教育外，还要经过本工种的安全技术教育，经考试合格后，方可获准独立操作，每年还要进行一次复查。

4)采用新工艺、新技术、新材料、新设备时的教育与培训

相关法规规定，采用新工艺、新技术、新材料、新设备施工和调换工作岗位时，要对操作人员进行新技术操作和新岗位的安全教育，未经教育不得上岗操作。这有助于使相关人员了解和掌握其安全技术特性，以采取有效的安全防护措施，防止和减少安全生产事故的发生。

6.3.2.4 工程项目安全生产的市场准入制度

为确保安全生产，国家对生产经营单位及从业人员都实行了严格的市场准入制度，并先后颁布了《安全生产许可证条例》(2004)、《安全生产检测检验机构管理规定》(2007)和《注册安全工程师管理规定》(2007)。这些法规规定生产经营单位必须具备法律、法规及国家标准或行业标准规定的安全生产条件。条件不具备的，不得从事生产经营活动。承担安全、评价、认证、检测、检验的机构必须取得国家的资质许可，方可从事相关活动。未经安全生产教育和培训合格的作业人员，不得上岗作业。特种作业人员必须经专门的安全作业培训，取得特种作业资格证书后，方可上岗作业。《安全生产许可证条例》于 2004 年 1 月开始施行。该条例明确规定：国家对矿山企业、建筑施工企业和危险化学品、烟花爆竹、民用爆破器材生产企业实行安全生产许可制度。

1)安全生产许可证的取得条件

建筑施工企业领取安全生产许可证,需要具备一系列安全生产条件,具体如下:

(1)建立、健全安全生产责任制,制定完备的安全生产规章制度和操作规程;

(2)安全投入符合安全生产要求;

(3)设置安全生产管理机构,配备专职安全生产管理人员;

(4)主要负责人和安全生产管理人员经考核合格;

(5)特种作业人员经相关业务主管部门考核合格,取得特种作业操作资格证书;

(6)从业人员经安全生产教育和培训合格;

(7)依法参加工伤保险,为从业人员缴纳保险费;

(8)厂房、作业场所和安全设施、设备、工艺符合相关安全生产法律、法规、标准和规程的要求;

(9)具备职业危害防治措施,并为从业人员配备符合国家标准或行业标准的劳动防护用品;

(10)依法进行安全评价;

(11)具备重大危险源检测、评估、监控措施和应急预案;

(12)具备生产安全事故应急救援预案、应急救援组织或应急救援人员,配备必要的应急救援器材、设备;

(13)具备法律、法规规定的其他条件。

2)安全生产许可证的相关管理规定

(1)安全生产许可证的申请建筑施工企业从事建筑活动前,应依照相关规定向省级以上建设主管部门申请领取安全生产许可证。中央管理的建筑施工企业(集团公司、总公司)应向国务院建设行政主管部门申请领取安全生产许可证;其他建筑施工企业,包括中央管理的建筑施工企业(集团公司、总公司)下属的建筑施工企业,应向企业注册所在地省、自治区、直辖市人民政府建设主管部门申请领取安全生产许可证。

(2)安全生产许可证的有效期安全生产许可证的有效期为 3 年。安全生产许可证有效期满需要延期的,企业应于期满前 3 个月向原安全生产许可证颁发管理机关办理延期手续。企业在安全生产许可证有效期内,严格遵守有关安全生产的法律法规,未发生死亡事故的,安全生产许可证有效期届满时,经原安全生产许可证颁发管理机关同意,不再审查,安全生产许可证有效期延期 3 年。

(3)安全生产许可证的管理根据《安全生产许可证条例》和《建筑施工企业安全生产许可证管理规定》,建筑施工企业应遵守如下强制性规定:

①未取得安全生产许可证的,不得从事建筑施工活动。建设主管部门在审核发放施工许可证时,应对已经确定的建筑施工企业是否有安全生产许可证进行审查,对没有取得安全生产许可证的,不得颁发施工许可证;

②企业不得转让、冒用安全生产许可证或使用伪造的安全生产许可证;

③企业取得安全生产许可证后,不得降低安全生产条件,并应加强日常安全生产管理,接受安全生产许可证颁发管理机关的监督检查。

6.3.2.5 工程项目安全管理的检查、监督及奖惩制度

安全生产检查、监督制度是上级管理部门或企业自身对安全生产状况进行定期或不定期检查的制度。通过检查可以发现问题,查处隐患,从而采取有效措施,堵塞漏洞,把事故消灭在发生之前,做到防患于未然,是“预防为主”的具体体现。安全生产检查、监督是国家对保障社会的安定和人民的安全应承担的责任。《安全生产法》及相关法规对此有明确规定。国家实行安全生产事故责任追究制度,依法追究生产安全事故责任人员的法律责任。国家对在改善安全生产条件、防止生产安全事故、参加抢险救护等方面取得显著成绩的单位和个人给予奖励。县级以上人民政府及相关部门对报告或举报的有功人员应给予奖励。

6.3.2.6 安全管理“三同时”制度

“三同时”制度是指凡是我国境内新建、改建、扩建的基本建设项目、技术改建项目和引进的建设项目,其安全生产设施必须符合国家规定的标准,必须与主体工程同时设计、同时施工、同时投入生产和使用。安全生产设施主要是指安全技术方面的设施、职业卫生方面的设置和生产辅助性设施。我国《劳动法》规定:“新建、改建、扩建工程的劳动安全卫生设施必须与主体工程同时设计、同时施工、同时投入生产和使用。”《安全生产法》也规定:“生产经营单位新建、改建、扩建工程项目的安全设施,必须与主体工程同时设计、同时施工、同时投入生产和使用。安全设施投资应当纳入建设项目概算。”新建、改建、扩建工程的初步设计要经过行业主管部门、安全生产管理部门、卫生部门和工会的审查,同意后方可进行施工。工程项目完成后,必须经过主管部门、安全生产行政主管部门、卫生部门和工会的竣工检验;建设工程项目投产后,不得将安全设施闲置不用,生产设施必须和安全设施同时使用。

第 7 章　工程项目管理技术的发展

21 世纪以来，信息技术发展越来越快，工程项目管理利用信息技术，使人们更好地利用了计算机网络来解决项目管理中的信息化问题，提高管理能力和水平，通过较小的消耗获得更多的经济效益。本章在研究计算机辅助工程项目管理、工程项目信息管理、基于网络平台的工程项目管理的基础上探索工程项目管理技术的发展。

7.1　计算机辅助工程项目管理

7.1.1　计算机辅助工程项目管理内涵

7.1.1.1　计算机辅助工程项目管理的含义

计算机辅助工程项目管理是项目建设参与各方进行工程项目管理的手段。计算机辅助工程项目管理在国内外的运用已较普遍，如 MS Project、Primavera Project Planer 等软件的应用。这些软件都是关于工程项目的进度与计划管理、成本管理及合同管理等方面的。此外也有专门针对工程项目管理的信息系统（Project Management Information System，简称 PMIS）。运用工程项目管理信息系统是为了能够及时、准确、完整地收集、存储、处理项目的投资（成本）、进度、质量、安全的规划和实际的信息，以迅速采取措施，尽可能好地实现项目的目标。

工程项目管理信息系统与管理信息系统是两个完全不同的信息系统。工程项目管理信息系统是计算机辅助工程项目目标控制的信息系统，它的功能是针对工程项目的投资（成本）、进度、质量、安全目标的规划和控制而设立的。管理信息系统是计算机辅助企业管理的信息系统，它的功能是针对企业的人、财、物、产、供、销的管理而设立的。

针对项目建设参与各方的工程项目管理，即建设单位（业主方）、设计方、施工方、供货方、建设项目总承包方的工程项目管理，形成了不同类型的项目管理信息系统。

7.1.1.2 工程项目管理信息系统的结构和功能

1）工程项目管理信息系统结构

工程项目管理信息系统结构如图 7-1 所示，主要由进度控制、投资（成本）控制、质量控制、合同管理、HSE（职业健康、安全、环境）管理五个子系统组成，五个子系统共享数据库，并相互之间互有联系。

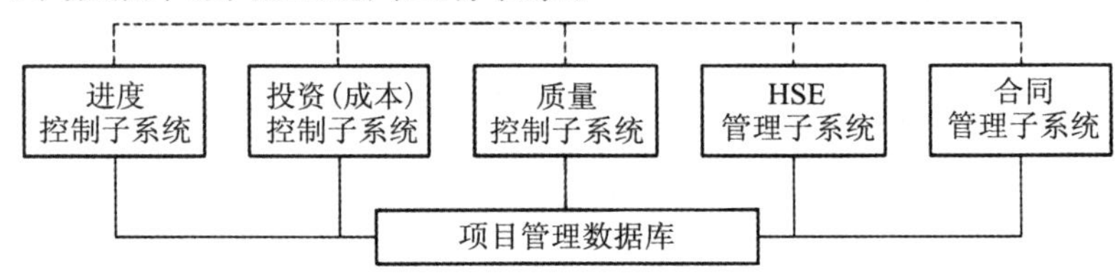

图 7-1 工程项目管理信息系统结构

2）进度控制子系统的功能

进度控制子系统的基本设想是通过项目计划进度和实际进度的不断比较，使进度控制者及时获得反馈信息，以控制项目实施进度。

进度控制子系统实施的基本方法是网络计划编制方法、计划进度与实际进度比较方法。计划进度和实际进度的比较可通过工作开始时间、工作完成时间、完成率、形象进度的比较等来实现。

进度控制子系统的基本功能是编制双代号网络计划、单代号搭接网络计划和多平面群体网络计划，进行工程实际进度的统计分析、实际进度与计划进度的动态比较、工程进度变化趋势预测、计划进度的定期调整、工程进度各类数据的查询，提供针对不同管理平面的工程进度报表，绘制网络图和横道图等。

3）投资（成本）控制子系统的功能

投资（成本）控制子系统的基本设想是通过工程项目的投资（成本）计划和投资（成本）实际值的不断比较，使投资（成本）控制者及时获得信息，以控制项目计划投资（成本）目标的实现。

在工程项目建设过程中，与项目投资有关的费用有投资匡算、设计概算、施工图预算、标底（招标控制价）、投标价、合同价、工程结算、竣工决算等。投资计划值与实际值的比较是一个动态的过程,即将以上与投资有关的费用进行比较,从中发现投资偏差。如果将工程项目设计概算作为计划投资目标值,在进行概算和预算比较时,概算是计划值,预算是实际值;在进行预算与合同价比较时,预算是计划值,合同价是实际值;在进行合同价与结算比较时,合同价是计划值,结算是实际值。投资控制子系统实施的基本方法是将工程项目总投资按照投资控制项进行切块,求出项目投资计划值与实际值的差及该差值在投资计划值中所占的比例,尤其应注重占据80%项目总投资额的20%的投资控制项。

投资控制子系统的基本功能是开展投资切块分析,编制项目设计概算和预算,进行投资切块与项目设计概算的对比分析、项目设计概算与预算的对比分析、合同价与投资切块及与设计概算和预算的对比分析、实际投资与设计概算及与预算和合同价的对比分析、项目投资变化趋势预测、工程结算与预算及合同价的对比分析、项目投资的各类数据查询,提供针对不同管理平面的项目投资报表等。

4)质量控制子系统的功能

质量控制子系统的基本设想是辅助制定工程项目质量标准和要求,通过工程项目实际质量与质量标准、要求的对比,使质量控制者及时获得信息,以控制工程项目质量。

质量控制子系统实施的基本方法是质量数据的存储、统计和比较。

质量控制子系统的基本功能是制定工程项目建设的质量要求和质量标准,开展分项工程、分部工程和单位工程的验收记录及统计分析,进行工程材料验收记录、机电设备检验记录(包括机电设备的设计质量、监造质量、开箱检验情况、资料质量、安装调试质量、试运行质量、验收及索赔情况)、工程设计质量鉴定记录、安全事故处理记录,提供工程质量报表等。

5)HSE(健康、安全、环境)管理子系统的功能

HSE管理子系统的基本设想是将安全、职业健康和环境保护的理念融入工程项目管理和控制活动的全过程,通过规范安全健康环境管理业务流程,实现对工程项目建设全过程的监督、管理,保障整个工程安全文明施工和交付。

HSE管理子系统实施的基本方法包括安全健康环境保障体系的建立、监督、监察,安全计划、安全教育培训,安全健康环境检查与反馈,不符项管理、安全考核,风险控制及危险点分析,重要物项管理等。

HSE管理子系统的基本功能是安全保障体系、安全组织机构、安全网络的建立和维护,开展安全计划管理,安全教育培训管理,安全资质管理,应急内容管理,每周安全周报、安全检查、风险控制及危险点分析、不合格项管理,工器具与设施管

理，事故管理，安全奖惩、安全考核、安全会议及会议纪要管理等。

6)合同管理子系统的功能

合同管理子系统的基本设想是对涉及工程项目勘察设计、采购、施工、工程监理、咨询和科研等全部项目实施合同的起草、签订，执行的跟踪管理、归档、索赔等全部环节，进行辅助管理。

合同管理子系统实施的基本方法是用于合同文本起草和修改的公文处理和合同信息的统计，通过合同信息的统计可以获得月度、季度、年度的应付款额、合同总数等信息。

合同管理子系统的基本功能是提供和选择标准的合同文本，开展合同文件及资料管理、合同执行情况跟踪和处理过程管理、涉外合同外汇折算、经济法规库(国内外经济法规)查询，提供合同管理报表等。

7.1.1.3 工程项目管理信息系统应用的条件

应用工程项目管理信息系统必须具备以下条件。

1)组织件

组织件即要有明确的工程项目管理组织结构、项目管理工作流程和项目信息管理制度。工程项目信息管理制度是计算机辅助工程项目信息管理系统的基础，这是软件系统能正常运行的组织保证，没有它，软件系统则难以正常运行。

工程项目信息管理制度包含三部分内容：

(1)项目管理信息结构图，是对项目管理组织结构图中各部门对外主导信息流程的规定。

(2)项目管理信息编码，包含项目编码、参与项目实施的单位和部门的组织编码、投资控制信息编码、进度控制信息编码、质量控制信息编码、合同管理信息编码等。

(3)信息卡和信息处理表，即对每一条信息均明确信息分类编号、信息名称、信息内容、提供者、提供时间、处理者、处理时间、处理结果、接受和归档者等。

2)硬件

硬件即计算机设备，一般包括服务器、小型机、微机和微机网络等。

3)软件

软件即要有工程项目管理信息系统正常运行的操作系统、系统软件和应用软件等软件环境。

4)教育件

教育件即要对计算机操作人员、工程项目管理人员和领导进行培训。

计算机辅助工程项目管理是现代化项目管理的必备手段，许多工程项目的建设单位均有运用工程项目管理信息系统的迫切要求，而要成功地运用工程项目管理信息系统，必须在组织件、教育件上下功夫。

7.1.2　工程项目进度管理信息系统

7.1.2.1　进度管理信息

工程项目进度信息管理的对象为工作，因而工程项目进度控制的基本信息为工作所包含的信息以及管理需要的相关分类信息。按照工程项目管理理论，任何工程项目通过项目工作分解(WBS)划分为若干项目管理基本单元，这些基本管理单元由一项或多项工作构成。项目进度信息管理就是合理安排与协调工作时间。

影响工作时间安排的因素很多，如资源、费用、限制条件等。这些因素也是工程项目进度控制所要考虑的信息。这些信息与工作或项目工作分解有关。以下是工作的有关信息，这些信息在工程项目进度控制中起着重要作用。

1)工作基本信息

(1)工作代码。在一个工程项目内工作的唯一识别码。

(2)工作名称，工作说明与描述。

(3)工作持续时间。工作所需要的时间，常用工期的单位为小时或天。

(4)工作间逻辑关系。工作间的工艺或组织关系，对于单代号搭接网络计划采用四种逻辑关系，即 FTS(完成—开始关系)、STS(开始—开始关系)、FTF(完成—完成关系)、STF(开始—完成关系)。

(5)工作时间限制。

(6)工作完成所需资源。

(7)日历。

2)工作的有关管理属性

(1)项目分解结构(PBS)。

(2)工作分解结构(WBS)。

(3)组织分解结构(OBS)。

(4)成本科目与分类(CA)。

(5)工作分类码。

(6)资源角色。

(7)资源分类。

(8)项目分类。

(9)赢得值设置等。

7.1.2.2 进度管理信息编码

对信息进行编码是计算机辅助工程项目进度管理的重要步骤。随着工程项目进度管理信息系统越来越多地采用商品化项目管理软件,信息编码实际上是商品化软件客户化的应用过程。通过编码规则的策划与制定,可规范计算机存储的相关数据与信息。根据工程项目进度管理的需要,常用的工程项目进度控制信息编码如下:

(1)工作代码;

(2)项目分解结构;

(3)工作分解结构;

(4)组织分解结构;

(5)资源编码;

(6)计划层次编码;

(7)项目分类码;

(8)工作分类码。

某大型桥梁工程的项目分解结构示意,如图 7-2 所示。

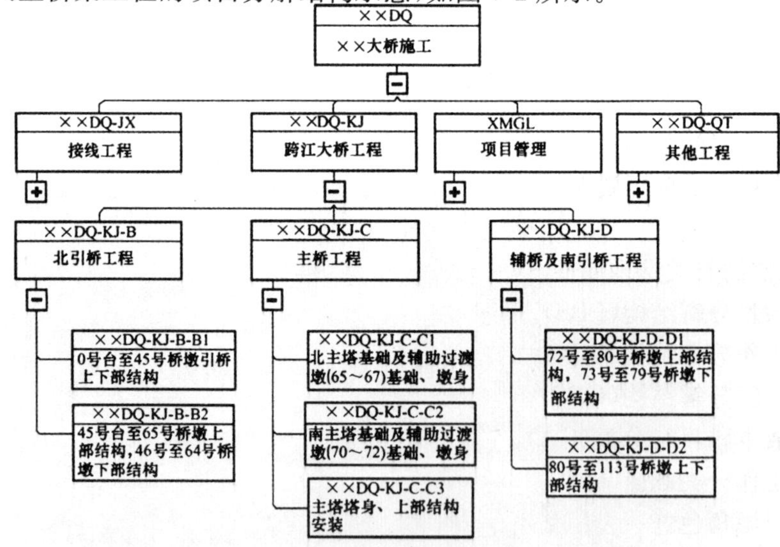

图 7-2　某大型桥梁工程项目分解结构(PBS)示意

某大型桥梁工程项目某标段的工作分解结构示意，如图 7-3 所示。

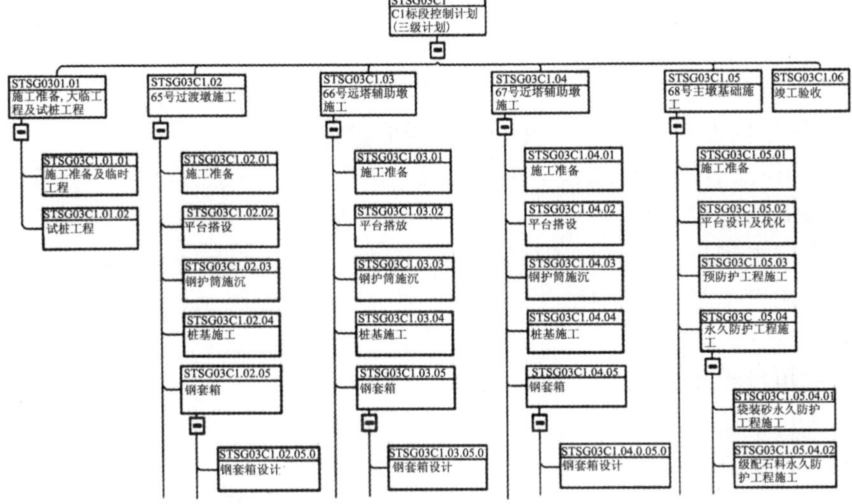

图 7-3　某大型桥梁工程项目某标段工作分解结构(WBS)示意

7.1.3　工程项目合同和投资管理信息系统

7.1.3.1　合同和投资管理信息

工程项目合同和投资管理信息主要由两部分组成：一部分是与项目投资控制编码相关的信息；另一部分则是合同以及合同履行过程中与费用有关的各种信息。

1)与项目投资控制编码相关的投资管理信息

(1)项目分解结构(PBS)及其费用控制信息。

(2)项目(标段、子项目)及其费用控制信息。

(3)工作分解结构(WBS)与工作包(Work Package)及其费用控制信息。

(4)组织分解结构(OBS)。

(5)成本科目(CA)与类别。

(6)工程量清单(BOQ)。

其中，费用控制信息包括如下内容：

①费用估算(概算)值；

②费用预算值；

③计划完成值；

④赢得值；

⑤实际值；

⑥完成时值与完成时预计；

⑦项目与工作包费用在成本科目(CA)与类别上的分摊；

⑧绩效考核方式、项目与工作包的赢得值设置等。

2)合同以及合同履行过程中相关信息

(1)合同与订单。

(2)合同工程量以及支付项(Payment Item)。

(3)采购订单与采购物项。

(4)变更。

(5)变更过程相关记录(RFI—RFP—PCO等)。

(6)支付申请。

(7)支付记录(发票与付款)。

(8)采购到货。

(9)索赔信息。

(10)正式沟通记录等。

7.1.3.2 合同和投资管理信息编码

工程项目合同和投资管理信息系统编码除了与进度管理信息系统一致或相适应的项目分解结构、项目编码、工作分解结构、组织与责任分解结构、资源编码、成本科目与类别等外，还有合同编码、工程量清单编码、物资编码及各种记录编码等。

随着计算机技术的发展，对信息管理系统编码的限制越来越少，很多编码可以设置成树状自定义编码，树的层次与编码的长度均可满足系统对信息编码的要求。编码及编码规则为信息的直观展现和统一数据录入格式提供了保障。在系统实施过程中，编码规则的制定以及基础数据的录入是信息系统实施的重要工作，而对于信息系统本身，需要考虑的是编码定义的灵活性以及如何实现辅助自定义编码(根据设定自动产生编码)。

一般工程量清单编码、物资编码等为树状编码，合同以及记录编码采用普通编码格式。工程量清单编码示例，见表7-1。

表 7-1　某火电项目工程量清单编码节录

编码	名称	单位	单价	分类编码	工程量分类
S	输煤系统				
S. 02	翻车机室				
S. 02. 01	翻车机室机械开挖	m^3		SK	土方
S. 02. 02	翻车机室砂石回填	m^3		ST	回填土
S. 02. 03	翻车机室混凝土垫层	m^3		SH	混凝土
S. 02. 04	翻车机室钢筋混凝土吊车梁	m^3		SH	混凝土
S. 02. 05	翻车机室行车轨道	m			
S. 02. 06	翻车机室钢筋混凝土现浇结构地上部分	m^3		SH	混凝土
S. 02. 07	翻车机室钢筋混凝土地下结构(抗渗)	m^3		SH	混凝土
S. 02. 08	翻车机室砖墙	m^3		SB	砖墙
S. 02. 09	翻车机室金属结构	t		SG	金属构件

7.2　工程项目信息管理

7.2.1　工程项目信息管理内涵

7.2.1.1　信息管理

1)信息管理的概念

所谓信息，是指经过加工处理后形成的对人们各种生产活动有价值的数据形式。数字、文字、口头语言、图像等都是信息表达的形式。

信息管理是通过对各个系统、各项工作和各种数据的管理，使项目的信息能方便和有效地获取、储存、加工处理和交流。项目的信息管理的目的旨在通过有效地项目信息传输的组织和控制为项目建设的增值服务。

2)信息管理的任务

(1)负责编制、修改和补充信息管理手册,并检查和督促信息管理手册的执行。

(2)负责协调和组织项目管理相关各个工作部门的信息处理工作。

(3)负责信息处理工作平台的建立和运行维护。

(4)组织加工、收集、整理信息和形成反映项目进展状况的各种报表。

3)信息管理的内容

(1)工程项目管理信息的建立和信息流的组织。

(2)工程项目信息的收集。通过各种信息渠道来收集和工程项目相关的信息。

(3)工程项目信息的传递。有效地信息传递可以保证决策者获得信息的全面准确性。

(4)工程项目信息的加工与处理。

(5)工程项目信息的储存。

7.2.1.2 工程项目信息编码

为了有效地存储信息,方便进行信息的检索和信息的加工整理,必须对项目信息进行编码。编码是信息处理的一项重要基础工作,编码由一系列符号(如文字)和数字组成。常用的编码方法有顺序编码、成批编码、多面码、十进制码、文字数字码等。

1)编码的原则

(1)编码应与项目分解的原则和体系相一致。

(2)编码要便于识别和记忆,方便查询、检索、汇总和使用。

(3)编码应反映项目的特点和需求。

(4)编码的代码与所代表的实体具有唯一性。

(5)代码应尽量短小、等长,能较好地适应项目、环境的变化,长时间内也不需要修改。

2)编码的内容

项目信息编码的内容包括:项目的结构编码,项目管理组织结构编码,项目的政府主管部门和各参与单位编码,项目实施的工作项编码,项目投资项编码或成本项编码,项目进度项编码,项目进展报告和各类报表编码,合同编码,函件编码,工资档案编码等。

3)编码的要求

(1)项目的结构编码依据项目结构图,对项目结构的每一个组成部分进行编码。

(2)项目管理组织结构编码依据项目组织结构图,对每一个工作部门进行编码。

(3)项目实施的工作项编码应覆盖项目实施的工作任务目录的全部内容。

(4)项目的投资项编码并不是概预算定额确定的分部分项工程的编码,它应综合考虑概算、预算、标底、合同价和工程款的支付等因素,建立统一的编码,以服务于项目成本目标的动态控制。

(5)项目的进度项编码应综合考虑不同层次、不同深度和不同用途的进度计划工作项的需要,建立统一的编码,服务于项目进度目标的动态控制。

(6)项目进展报告和各类报表编码应包括项目管理形成的各种报告和报表的编码。

(7)合同编码应参考项目的合同结构和合同的分类,应反映合同的类型、相应的项目结构和合同签订的时间等特征。

(8)函件编码应反映发函者、收函者、函件内容所涉及的分类和时间等,以便函件的检查和整理。

(9)工程档案的编码应根据有关工程档案的规定、项目的特点和项目实施单位的需求而建立。

7.2.2　工程项目管理信息系统

7.2.2.1　项目管理信息系统的主要功能

项目管理信息系统由多个模块构成其子系统。

1)项目管理信息系统的主要功能模块

工程项目管理是以投资、进度、质量三大控制为目标,以合同管理为核心的动态控制系统。因此,项目管理线性系统至少应具有处理三大目标控制及合同管理任务的功能。

2)项目管理信息系统各子系统的功能

1)投资控制子系统。

①项目的估算、概算、预算、标底、合同价、投资使用计划和实际投资的数据计算和分析。

②进行项目的估算、概算、预算、标底、合同价、投资使用计划和实际投资的动态比较，并形成各种比较报表。

③计划资金的投入和实际资金的投入的比较分析。

④根据工程的进展进行投资预测等。

(2)成本控制子系统。

①投资估算的数据计算和分析。

②计划施工成本。

③计算实际成本。

④计划成本与实际成本的比较分析。

⑤根据工程的进展进行施工成本预测等。

(3)进度控制子系统。

①计算工程网络计划的时间参数，并确定关键工作和关键线路。

②绘制网络图和计划横道图。

③编制资源需求量计划。

④进度计划执行情况的比较分析。

⑤根据工程的进展进行工程进度预测等。

(4)质量控制子系统。

①设计质量控制。

②施工质量控制。

③材料质量跟踪。

④设备质量管理。

⑤工程质量事故处理。

⑥质量活动档案。

⑦质量法规标准。

(5)合同管理子系统。

①合同基本数据查询。

②合同执行情况的查询和统计分析。

③标准合同文件查询和合同辅助起草等。

7.2.2.2 工程项目信息系统建设

工程项目信息管理系统的目标是为实现工程项目信息的系统管理，并为项目管理的决策者提供必要的支持，及时为工程项目的管理者及工程师提供的预测、决策所需的数据等相关信息，并为管理者及工程师提供多个可供选择的方案。

工程项目管理信息系统是针对工程项目中的投资、进度、质量三大目标的规划与控制，以工程项目管理系统为基础而建立的管理信息系统。工程项目信息管理系统的建设，最主要的几个方面包括信息管理系统的开发、设备配置、人员培训、应用等。信息管理系统的开发应用，企业可以通过以下 3 种途径来实现。

1）自主开发

企业可以聘请专业咨询公司或软件公司结合企业自身的管理需求和目标设计开发，并承担系统的维护工作。

2）直接购买

企业可以直接从软件公司购买项目管理软件，安装在服务器上后供项目成员方共同使用。

3）租用服务

租用服务即应用服务供应商（Application Service Provider，ASP）模式。用户只需提供自己的业务数据，支付一定的租金，就可以通过浏览器或者客户计算机连接集中式服务器（云服务器）上的应用程序，然后在本地处理应用程序计算产生的结果。面向项目管理的应用服务供应商一般提供图纸数据文件及文档管理、工作流程自动化、在线讨论、项目视频、进度管理、成本管理、在线采购和招标投标、权限管理等功能。服务供应商甚至可以为客户提供专有的需求服务。

7.2.3　项目管理软件

7.2.3.1　Microsoft Project 软件

Microsoft Project 是 Microsoft 公司开发的项目管理系统，它是应用最普遍的项目管理软件之一，可适用各种规模的项目。它利用项目管理的理论，建立了一套控制项目的时间性、资源和成本的系统。其界面易懂，图形直观，还可以在该系统使用 VBA（Visual Basic for Application），通过 Excel、Access 或各种 ODBC 数据库、CSV 和制表符分隔的文本文件兼容数据库存取项目文件等。

1）Project 主要功能

（1）组织信息。

（2）方案选择。

（3）信息共享。

（4）拓展功能。

(5)跟踪任务功能。

2)Project 的特点

(1)充足的任务节点处理数量。

(2)强大的群体项目处理能力。

7.2.3.2 Primavera Project Planner(P3)软件

P3 工程项目管理软件是美国 Primavera 公司的产品,是国际上最为流行的项目管理软件之一,适用于任何工程类项目,对大型复杂项目可以非常有效地控制,并可以同时管理多个项目。P3 软件在国内应用较为普遍,如三峡工程、秦山三期核电工程、阳城电厂大型火电工程、京沪高速公路、上海通用汽车厂、深圳地铁等工程。

P3 工程项目管理软件的主要功能特点如下:

(1)在多用户环境中管理多个项目。

(2)可以对实际资源消耗曲线及工程延期情况进行模拟。

(3)利用网络进行信息交换,可以使各个部门之间进行局部或 Internet 网络的信息交换,便于用户了解项目发展。

(4)处理单个项目的最大工序数达到 10 万道,资源数不受限制,每道工序上可使用的资源数也不受限制。P3 可以自动解决资源不足的问题;

(5)可以对计划进行优化,并作为目标进行保存。

(6)可以根据工程的属性对工作进行筛选、分组、排序和汇总。

7.2.3.3 清华斯维尔智能项目管理软件

该软件将网络软件技术、网络优化技术应用于工程项目的进度管理中,以国内建设行业普遍采用的双代号时标网络图作为项目进度管理及控制的主要工具。

该软件的主要特点如下:

(1)操作流程符合项目管理的国际标准流程。首先通过项目的范围管理,在横道图界面中建立任务大纲结构,从而实现项目计划的分级控制与管理。

(2)系统实时计算项目的各类网络时间参数,并对项目资源、成本进行精确分析,以此作为网络计划优化与项目追踪管理的依据。

(3)除支持常规的标准横道图建模方式外,为方便用户操作也提供了双代号网络图、单代号网络图等多种建模方式。

(4)支持搭接网络计划技术,同时可以处理工作任务的延迟、搭接等情况,从而全面反映工程现场实现工作的特性。

7.2.3.4　梦龙智能项目管理软件(PERT)

MR2000 平台集成系统是梦龙集团开发的新系统,它由“快速投标”“项目管理控制”和“企事业办公管理”三大系统组成。其具有以下特点:

(1)高级的安全机制。

(2)对数据进行加密传输,安全可靠。

(3)采用高效的压缩算法,实现高速的数据传输。

(4)提供 SerVer 运行方式,软件管理系统可在服务器后台运行。

(5)含先进的软件管理单元,可以对各种应用软件进行有机管理。

(6)具有良好的开放性,允许客户在它的基础上进行二次开发。

(7)可实现多级多层链接与分布管理,适用于大、中、小不同类型的企业。

(8)系统内所有单元都采用了梦龙公司的自防病毒技术,保证网络安全。

(9)用物理链接层、软件通信层与应用层构成先进的三层软件体系结构。

7.3　基于网络平台的工程项目管理

7.3.1　工程项目管理网络平台的构成

7.3.1.1　硬件及网络

工程项目管理网络平台的基础构成部分是硬件和网络。

硬件包括整个网络平台运行和网络平台上进行工程项目管理工作所需要的服务器和个人电脑等。网络则是指将这些服务器和电脑整合在一起,且以功能完善的网络软件(网络协议、信息交换方式及网络操作系统等)实现网络资源共享的系统。

在广义上,网络包括了局域网和互联网,两者都可以为工程项目管理网络平台提供基础支撑。工程项目管理网络平台也可以因此区分为基于局域网的平台和基于互联网的平台。

基于局域网的工程项目管理网络平台一般以某个机构或组织内部的网络为基础，在机构和组织内部通过一定的系统和软件构建一个工程项目管理的网络平台。这个网络平台和外部网络不连通，或通过有限的渠道进行通信，实现信息共享。这一类的工程项目管理网络平台因缺乏通用性和与其他系统的兼容性而难以得到市场的认可，在目前的工程项目管理工作中很少应用。

比较常见的是基于互联网的工程项目管理网络平台。这种网络平台以互联网为基础搭建，通过一定的系统软件在互联网上实现工程项目管理信息的共享和工程项目控制的功能。因为它采用的是通用的互联网架构和通信协议，在任何有互联网的地方都有可能实现，具有很强的通用性和兼容性，所以在目前的工程项目管理中得到了较为广泛的使用。

7.3.1.2 软件和系统集成

在硬件和网络这个基础构成部分之上，是工程项目管理网络平台的主要功能部分：软件和系统集成。

软件是指在网络平台上运行的各种实现工程项目管理功能所需要的软件，如办公应用软件、工程造价预算和控制软件、工程进度管理软件、工程合同管理软件、财务管理软件、网络通信软件等。

网络平台中最为核心的是系统集成软件。不管工程项目管理网络平台是在局域网还是在互联网上运行，都需要有一个系统，对服务器进行管理、对服务器中所存储的数据进行管理、对网络所连接的电脑或终端进行管理，并为网络上运行的软件提供支持。此外，更重要的是对通过电脑或终端进入网络中活动的用户群体进行管理和服务，并约束和规范其网络行为。

总体上看，系统集成软件将硬件、网络、软件和用户整合在一起，形成一个在网络上进行工程项目管理活动的有序机制，成为一个有机的系统。工程项目管理网络平台的系统运行软件是整个软件系统的核心部分。

这一类的系统集成在实际使用中有各种各样的名称，不同的软件开发商或服务供应商可能会使用不同的名字并有各自的定义。其中一个较多采用的名称是“项目信息门户(Project Information Portal，PIP)”。

项目信息门户(PIP)指的是在网络基础上对工程项目信息进行集中存储和管理的系统运行软件，它为工程项目用户提供个性化的项目信息入口，并提供相互之间信息交流和沟通的渠道，从而为工程项目参与各方营造一个高效、稳定、安全的网络项目管理工作环境。

上述项目信息门户的定义描述了这种系统集成最基本的几个特征，也是在工程项目管理网络平台发展初期阶段最主要的功能。

1)项目信息的集中存储和管理

项目信息门户是以工程项目为中心对项目信息进行集中存储与管理，提高信息交流的效率、稳定性、准确性和及时性。

2)项目用户的个性化信息入口和相互之间信息沟通的渠道

项目信息门户为每一项目成员设定了相应的信息处理和信息管理的职责和权限。项目成员可以从网络平台上最大限度地获取所需要的项目信息，在系统设定的范围和工作流程内有效地处理和利用信息，实现对信息管理全过程的有序和有效参与。

3)工程项目参与各方共同的网络项目管理工作环境

项目信息门户使工程项目信息的传递和处理变得灵活、方便和可靠，形成一个共同的、高效率的工作环境。同时，由一个系统软件在网络环境下对工程项目的信息存储、管理和交流等工作活动进行管理和监控，避免了人为情况下的很多不稳定和不安全因素，从而为工程项目提供一个稳定和安全的工作环境。

上述的三个特点体现了初期工程项目管理系统集成的最基本特征和功能。

随着互联网的普及和网络应用的飞速发展，以项目信息门户作为系统集成的工程项目管理网络平台也在不断地发展和演化。在基本的信息储存和管理以及信息交流功能之外，更多的功能被整合进网络平台的系统集成之中，如工程项目信息和数据的直接处理和转换、与工程项目管理应用软件进行直接的数据交换、进行部分环节的项目控制并监控其工作流程等。这些功能使工程项目管理网络平台更全面、更深入地介入了实际的工程项目管理工作中。

网络平台的系统集成经历了一个长期的发展过程，从具有基本功能的互联网门户到综合多种功能的复杂工程项目管理系统，包括了多种不同类型的系统，如基于项目文件、资料等文字信息的项目信息门户，基于项目数字信息模型的项目管理数据平台等。各种不同的系统都在一定程度上从不同的方面满足了工程项目管理工作的需要。

7.3.2　网络平台上的工程项目管理工作

在网络平台上进行工程项目管理，主要是利用网络平台上信息存储和沟通的便利，为工程项目管理过程中的信息管理和工作协调提供支持，提高工程项目管理的工作效率。在网络平台上进行的工程项目管理工作，具体可以概括分为三个方面:文档管理、项目协同工作、项目控制。

项目控制利用工程项目管理网络平台及时的项目信息处理、输出和对项目工作流程的监控功能,对工程项目实施过程中的主要工作环节进行控制,确保工程项目控制的时效性和准确性。

7.3.2.1 文档管理

文档管理是工程项目管理网络平台的基本功能,也是工程项目参与各方在网络平台上所进行的最常见的一项工作任务。文档管理包括文档结构的建立、资料的收集和归档等工作内容。

传统的工程项目实施过程中,文档管理任务琐碎而烦杂,项目的信息和文档管理工作通过人工方式进行,很难保持工作的连续性和一致性,信息中的重复、失误、疏漏等问题在所难免。工程项目管理网络平台的应用在很大程度上改变了项目文档管理的工作性质和工作方式,提高了工程项目信息管理的效率。

与传统的项目文档管理类似,网络平台上的文档管理工作分建立文档结构、界定文档权限、设定文档管理工作流程等步骤。

建立文档结构和确定文档内容需要从几个方面来进行考虑:

(1)工程项目结构,如子项目、分部工程、分项工程等。这是信息分类的基础。

(2)工程项目经过的阶段,如决策、设计、施工、运营等。这往往与信息的收集和使用有着密切的关系。

(3)工程项目参与方,如业主方、设计单位、承包商等。他们是信息的创建者、所有者和使用者,也是文档使用者的分类基础。

(4)信息内容的类别,如投资信息、技术信息、合同信息等。这是对信息进行分类检索的一个参照标准。

文档结构的建立需要综合考虑上述几个方面的情况,根据工程项目实施工作的实际需要,有针对性地建立一套多层次的、分类清晰的文档结构。同时,所建立的文档结构还需要尽可能地保持一定的灵活性,因为随着工作需要的变化,文档结构也往往需要进行相应的调整,文档结构的灵活性使其可以适应文档管理工作的变化。另外,还要考虑到工程项目管理网络平台上信息管理的特殊性,更多地针对各个参与方、各个工作岗位建立文档结构,便于各方面对信息处理工作的直接参与。

工程项目管理网络平台上的文档管理以业主方或代表业主方的单位为主导,需要其他项目各方的参与。项目实施过程中各方对项目文档管理参与的程度,由文档管理的权限设定来进行界定。文档管理的权限设定需要综合考虑工程项目实施过程中多方面的因素，既要考虑信息的透明，也要保证信息的安全，还需要兼顾信息共享的便利。不同的方面、不同的部门在信息集中管理工作中的职责和权限将会有比较明显的差异，从全面的管理权限，到允许修改、只允许浏览，最后到最低一等级的完全没有进入权限。

网络平台上文档管理工作流程的设定与现实工作中类似，起草/撰写、审阅、核准、签发、抄送、存档等工作环节和过程需要在网络平台的集成系统中进行设定，各工作环节根据相应过程和不同工作岗位的既定关系进行流转，由系统和管理人员进行监控。由于大部分的工作环节和流转过程都可以由系统进行监控，因而整个实施过程更为精确和准时。

与以往现实中人工的文档管理相比，网络平台上的文档管理有着明显的不同，工程项目各方对文档管理参与的程度有了不同程度的提高，文档管理的工作状况有了明显的变化。改变涉及工程项目文档管理的各个环节，如信息的收集、管理和交流共享等，表现出以下几个特点：

(1)信息的及时收集。由于部分信息处理过程在网络平台上进行，在实施过程中工程项目信息生成后，相应的项目管理人员随时录入网络平台的信息系统中，提高了信息的时效性和系统对信息的及时掌握。一些由系统软件创建的数字化信息甚至可以直接发送到相应的数据库中，不再需要经过人工的数据采集和汇总。

(2)信息的集中管理。所有重要信息全部集中到工程项目管理网络平台上的数据库中进行集中管理，按照严格的文档管理制度由网络平台的信息系统统一记录、归档、存储和更新，避免了以往文档管理工作中大部分的人为疏漏和失误，大大提高了工程项目信息管理的效率、准确性和权威性。

(3)信息的高度共享。工程项目信息通过网络平台与其他项目参与方相连，按照一定的权限和职能为各个参与方提供数据库人口，利用现代通信工具的高效和便捷实现高度的信息共享，并提供有效的信息安全保证。

7.3.2.2　项目协同工作

项目协同工作是网络平台为工程项目管理工作提供的一项主要功能，包括信息交流和工作协调等内容。工程项目参与各方通过网络平台所提供的个性化信息人口进行相互之间的交流，利用网络平台所提供的统一的交流渠道，在网络环境下进行有序的信息交流，解决传统工程项目实施过程中信息交流混乱无序的问题。

同时，工程项目参与各方通过在网络平台上相互之间的信息交流进行协调，达成协同工作的目的。传统的工程项目实施过程中，组织协调往往是通过谈话、会议等方式来实现的，而在网络平台环境下，则由统一的信息交流渠道来解决组织协调的问题。这既规范了组织协调的行为，又将各方面的组织协调工作统一地置于网络平台系统的控制之下，便于整体上的项目控制和管理。

工程项目管理网络平台为项目参与各方项目信息的共享提供了极大的便利。一些工程项目管理网络平台的系统集成包含了通信和办公自动化的某些功能，使工程项目参与各方之间可以在平台上进行直接的沟通和协调，从而实现协同工作。这些工作可以分为以下几类：

(1)函件发送和接收。工程项目参与各方之间通过网络平台的系统收发函件和项目文件、资料等，函件发送和接收的过程以及内容都会被系统记录下来，需要的话，可以进行设定，对函件和其附件进行存档、备案。工程项目实施中的信息沟通过程会成为工程项目文档的一个组成部分。

(2)会议组织和管理。会议组织者通过网络平台的系统组织各种项目会议(如例会、专题会议等)，选定与会人员、指定会议主持和记录人员、发送会议通知、分发会议文件资料、设定议题和会议议程等。网络平台的系统可以由此控制会议的进程并进行后续的跟踪管理，将整个项目的会议系统纳入网络平台的管理范围之内。

(3)提交文件、报告。工程项目实施过程中的正式文件资料，如设计文件、项目报告等，通过网络平台的系统正式向业主方提交，系统可以通过预先设定自动存档，并向其他有关的人员和单位发送通知，确保文件传送的时效性，提高信息沟通的效率。网络平台系统对提交和通知的过程也会记录备案，成为工程项目信息管理记录的一个组成部分。

(4)下发指令、通知。工程项目业主方或项目实施过程中的管理方将正式的项目指令和项目通知通过网络平台的系统下发给接收方，系统会即时通知接收方，并记录备案。接收方的接收和意见反馈也会由系统如实记录。整个指令发送过程的可靠性、准确性和权威性都得到了网络平台系统的保证。

与以往现实中的项目协同工作相比，项目管理网络平台上的协同工作有以下几个突出的特点：

(1)一致性。所有的信息沟通和共享都统一在网络平台系统里进行，从形式、格式到内容等可以通过预先规定达到基本一致，避免因差别造成疏漏、误解等各种常见错误。

(2)时效性。项目协同工作中的各个环节都由网络平台的系统统一控制，确保了信息沟通和工作协调的时效性，避免人为因素造成的延误。

(3)准确性。由于协同工作的信息交流都由网络平台的系统进行控制，所有的工作环节和步骤都能按既定的安排进行，避免了以往常常出现的人为疏漏和失误，大大提高了工作的准确性和效率。

(4)权威性。协同工作中所有正式的沟通都通过网络平台的系统进行，由系统进行完整的记录备案，成为工程项目管理记录的组成部分，并通过预先的规定具有法律效力，从而确保了整个沟通过程的严肃性，提高了协同工作的权威性。

7.3.2.3　项目控制

工程项目管理网络平台上的项目控制利用了网络平台对工程项目实施信息的全面掌握和工程项目进程的即时监控，根据网络平台系统具有的功能，对工程项目实施过程中主要工作环节、发现的问题等进行跟踪控制，对工程项目管理团队中人员的工作情况进行掌握，从而帮助项目业主方和管理团队对工程项目实施进行更好的控制。

并非每一个工程项目管理网络平台的系统都具有完善的项目控制功能，但工程项目管理网络平台在不同程度上都可以支持部分的项目控制工作。网络平台上的项目控制工作主要有以下几类：

(1)项目进展的实时监控。工程项目建设过程中，项目的进度完成情况、项目质量情况、项目预计造价完成情况、现场安全管理状况、项目合同执行情况等，都在随着项目的进展发生变化。部分工程项目管理网络平台具备了对项目进展信息进行实时收集、整理、对比分析等功能，使业主和工程项目管理单位能及时地对项目进展进行监控，对项目实施状况进行分析评估，发现其中的问题，为工程项目管理层提供决策依据。

(2)项目问题事项的跟踪管理。工程项目管理的过程是一个不断重复的发现问题、解决问题的过程。项目实施顺利与否，取决于对发现的问题是否能及时跟踪管理、及时解决。部分工程项目管理网络平台可以为工程项目中存在的问题建立档案、设定解决问题的时间表和工作程序，为项目问题事项的跟踪管理提供了有效的方法和手段。

(3)项目团队成员的工作管理。工程项目实施的日常工作中，工程项目团队成员的部分工作状况可以在网络平台系统中反映出来，如系统中任务的完成情况、所接收邮件和文件的处理情况等。如果工程项目团队成员的工作情况出现异常，如遗漏和延误等，系统可以发出提醒，并向管理人员报告，避免因个别人员的失职对工程项目造成不良的影响。

通过网络平台进行项目控制，为工程项目管理团队提供了一套全新的、信息时代的工作方法和手段。信息系统和网络控制的运行机制保证了工作的准确和可靠，避免了人为的失误和遗漏，替代了大量的机械性工作，提高了工程项目管理团队的工作效率，成为工程项目成功的有力保障。

参考文献

[1]BIM 工程技术人员专业技能培训用书编委会. BIM 应用与项目管理[M]. 北京:中国建筑工业出版社,2016.
[2]白思俊. 现代项目管理概论[M]. 北京:电子工业出版社,2006.
[3]卜振华,吴之昕. 建设工程项目管理[M]. 北京:中国建筑工业出版社,2006.
[4]曹宏彰. 工程项目管理理论与实践研究[J]. 建筑工程技术与设计,2017(2).
[5]陈俊. 建筑工程项目管理[M]. 北京:北京理工大学出版社,2009.
[6]成虎. 工程项目管理[M]. 北京:高等教育出版社,2004.
[7]丛培经. 工程项目管理[M]. 5 版. 北京:中国建筑工业出版社,2017.
[8]邓淑文. 建筑工程项目管理[M]. 北京:机械工业出版社,2008.
[9]邓铁军. 工程建设项目管理[M]. 武汉:武汉理工大学出版社,2009.
[10]丁洁,杨洁云. 建筑工程项目管理[M]. 北京:北京理工大学出版社,2016.
[11]丁士昭. 工程项目管理[M]. 北京:中国建筑出版社,2006.
[12]范红岩,宋岩丽. 建筑工程项目管理[M]. 北京:北京大学出版社,2008.
[13]高明杰,何青. BIM 技术在北京天坛医院工程项目管理中的应用[J]. 土木建筑工程信息技术,2016(2).
[14]高松,邓桂平. 流水施工技术在建筑工程项目管理中的应用[J]. 建材与装饰,2016(51).
[15]关秀霞,高影. 建筑工程项目管理[M]. 北京:清华大学出版社,2014.
[16]郭汉辉. 工程项目管理中 BIM 技术的运用[J]. 冶金丛刊,2017(7).
[17]国向云. 建筑工程施工项目管理[M]. 北京:北京大学出版社,2009.
[18]韩国波. 建设工程项目管理[M]. 重庆:重庆大学出版社,2011.

[19]韩江涛.我国建筑工程项目风险管理现状及展望[J].中外建筑,2012(5).
[20]何培斌,庞业涛.建筑工程项目管理[M].北京:北京理工大学出版社,2013.
[21]胡文发.工程项目管理[M].北京:化学工业出版社,2008.
[22]扈朝阳,郑维宪.低碳理念下的建筑工程项目管理模式[J].科技展望,2015(23).
[23]黄永康.基于“互联网+”时代的工程项目管理技术浅析[J].大众科技,2017(4).
[24]黄裕锋,康小东.重大工程项目建设的环境管理[M].上海:华东理工大学出版社,2016.
[25]建设部干部学院.建筑工程施工组织设计与管理[M].武汉:华中科技大学出版社,2009.
[26]建造师执业资格考试命题研究中心.建设工程项目管理[M].北京:北京理工大学出版社,2016.
[27]建筑工程施工项目管理丛书编审委员会.建筑工程施工项目管理总论[M].2版.北京:机械工业出版社,2011.
[28]姜臻炜,郭天赋.建设工程项目管理[M].大连:大连理工大学出版社,2006.
[29]开永旺,刘芳.建设工程项目管理[M].天津:天津大学出版社,2011.
[30]赖一飞,胡小勇,刘汕.工程项目管理学[M].武汉:武汉大学出版社,2015.
[31]李浩明.建筑工程项目现场施工科学管理[J].科技信息,2012(29).
[32]李会静,江丽丽.建筑工程项目管理[M].北京:高等教育出版社,2015.
[33]李明安,邓铁军,杨卫东.工程项目管理理论与实务[M].长沙:湖南大学出版社,2012.
[34]李荣华.建筑工程项目管理目标控制研究[J].建筑工程技术与设计,2016(26).
[35]李世蓉.承包商工程项目管理[M].北京:中国建筑工业出版社,2009.
[36]李雅婷.BIM技术在现代建筑工程项目管理中的应用研究[J].项目管理技术,2016(7).
[37]李志强.建筑工程项目管理技术分析[J].大科技,2017(11).
[38]梁世连,惠恩才.工程项目管理学[M].大连:东北财经大学出版社,2008.

[39]刘健,唐春平. 建筑工程项目管理[M]. 武汉:武汉理工大学出版社,2011.
[40]刘晓丽,谷莹莹,刘文俊. 建筑工程项目管理[M]. 北京:北京理工大学出版社,2013.
[41]刘治映,余燕君. 建筑工程项目管理[M]. 北京:中国水利水电出版社,2007.
[42]龙卫飞. 建筑工程项目管理创新的探讨[J]. 广州建筑,2009(6).
[43]卢骏. 项目管理理念在建筑工程实践中的应用[J]. 管理观察,2009(19).
[44]罗纯武,刘风莲. 建筑工程中项目管理理念的思考[J]. 中国科技博览,2013(10).
[45]毛桂平,周任. 建筑工程项目管理[M]. 2 版. 北京:清华大学出版社,2015.
[46]毛桂平. 建筑工程项目管理实训指导[M]. 北京:化学工业出版社,2010.
[47]聂晶. 工程项目管理的信息化探析[J]. 电子技术与软件工程,2016(18).
[48]戚安邦. 项目管理学[M]. 天津:南开大学出版社,2007.
[49]齐宝库. 工程项目管理[M]. 大连:大连理工大学出版社,2007.
[50]任宏,兰定筠. 建设工程施工安全管理[M]. 北京:中国建筑工业出版社,2005.
[51]任守理,刘开宇. 探讨如何加强建筑工程项目管理[J]. 装饰装修天地,2016(2).
[52]桑佃军. 建筑工程项目管理[M]. 北京:机械工业出版社,2011.
[53]佘健俊. 建筑工程施工技术与管理[M]. 南京:河海大学出版社,2011.
[54]绳晓庆. 论建筑工程项目管理中的成本控制[J]. 改革与开放,2009(12).
[55]司武军. 建设工程项目管理[M]. 北京:中国电力出版社,2016.
[56]苏泉. 建筑房地产工程项目管理理性分析[J]. 科技创新导报,2010(12).
[57]孙晓莉,何建武. BIM 技术在某工程项目管理中的应用[J]. 青岛理工大学学报,2017(1).
[58]田金莱,李斌. BIM 技术在建设工程项目管理中的应用价值分析[J]. 中国管理信息化,2017(10).
[59]王春浩. 我国建筑工程项目风险类型及风险管理对策研究[J]. 科技资讯,2012(14).
[60]王红雨,周永. 工程项目管理[M]. 北京:化学工业出版社,2016.
[61]王诗玉. 建设工程项目管理[M]. 郑州:河南大学出版社,2016.

[62]王守清.计算机辅助建筑工程项目管理[M].北京:清华大学出版社,1996.

[63]王翔.建筑工程项目管理存在的问题及创新策略分析[J].科技创新与应用,2016(4).

[64]王雪军,王雪芬.浅谈建筑工程施工项目管理及成本控制[J].价值工程,2014(13).

[65]王延树.建筑工程项目管理[M].北京:中国建筑工业出版社,2013.

[66]王有志,张滇军,郝红漫.现代工程项目管理[M].北京:水利水电出版社,2009.

[67]王云.建筑工程项目管理[M].北京:北京理工大学出版社,2012.

[68]王卓甫,邱德华.工程项目管理[M].南京:河海大学出版社,2002.

[69]项建国.建筑工程项目管理[M].3版.北京:中国建筑工业出版社,2015.

[70]谢锋.试析建筑工程项目管理中的成本控制重点[J].中小企业管理与科技(上旬刊),2014(4).

[71]徐家铮.建筑工程施工项目管理[M].武汉:武汉理工大学出版社,2005.

[72]徐聚星.工程项目管理中计算机信息化技术应用的研究[J].通讯世界,2016(20).

[73]许为夷.浅谈BIM技术在工程项目管理中的应用[J].统计与管理,2016(6).

[74]颜艳珍.浅析工程项目管理[J].工程技术(全文版),2017(2).

[75]杨志勇.工程项目采购与合同管理[M].北京:中国水利水电出版社,2016.

[76]叶宏.建设工程项目管理[M].北京:中国建材工业出版社,2016.

[77]银花.建筑工程项目管理[M].北京:机械工业出版社,2010.

[78]尹韶青,赵宏杰,刘炳娟.建筑工程项目管理[M].西安:西北工业大学出版社,2012.

[79]尹晓娟.建筑工程项目管理目标控制研究[J].成都航空职业技术学院学报,2015(1).

[80]余汉平.建筑工程项目管理的风险及对策[J].中华建设,2014(2).

[81]曾理.试论建筑工程施工项目管理的必要性[J].建材发展导向,2012(21).

[82]翟晓瑾.浅谈建筑工程项目管理的创新[J].门窗,2014(5).

[83]张桦,朱盛波.建设工程项目管理与案例解析[M].上海:同济大学出版社,2008.

[84]张建新.工程项目管理学[M].大连:东北财经大学出版社,2015.

[85]张现林.建筑工程项目管理[M].西安:西安交通大学出版社,2012.

[86]中国电力建设企业协会.电力建设总监理工程师实务[M].北京:中国电力出版社,2007.

[87]中国建设教育协会继续教育委员会.建筑工程施工项目技术管理[M].北京:中国建筑工业出版社,2016.

[88]钟汉华.建筑工程项目管理[M].武汉:华中科技大学出版社,2016.

[89]周建国.工程项目管理基础[M].北京:人民交通出版社,2007.

[90]周迅.基于信息化管理技术的建筑工程项目管理实践研究[J].装饰装修天地,2017(21).

[91]周永盛.浅析现代建筑工程项目风险管理与控制[J].现代商业,2011(6).

[92]朱祥亮,漆玲玲.建筑工程项目管理[M].南京:东南大学出版社,2010.

[93]左红军.建设工程项目管理[M].北京:机械工业出版社,2016.